RELECCIONES SOBRE LOS INDIOS
Y EL DERECHO DE GUERRA

FRANCISCO DE VITORIA

RELECCIONES SOBRE LOS INDIOS Y EL DERECHO DE GUERRA

TERCERA EDICIÓN

ESPASA-CALPE, S. A.

MADRID

© de la presente edición
del 2025:

Editorial Gráficas Maxtor
Fray Luis de León, 20
47002 Valladolid (España)
+34 983 090 110
info@graficasmaxtor.es
www.graficasmaxtor.es

I.S.B.N. 978-84-1171-132-6
depósito legal: DL VA 583-2025

ÍNDICE

PRIMERA PARTE

RELECCIÓN PRIMERA DE LOS INDIOS ÚLTIMAMENTE DESCUBIERTOS

SEGUNDA PARTE

TERCERA PARTE

CUARTA PARTE

RELECCIÓN SEGUNDA DE LOS INDIOS O DEL DERECHO
DE GUERRA DE LOS ESPAÑOLES EN LOS BÁRBAROS

FRANCISCO DE VITORIA

La figura de este insigne maestro —que con noble pasión preconizó doctrinas de paz y de justicia— se magnifica a medida que el transcurso del tiempo brinda a la posteridad la perspectiva adecuada para apreciarla en su verdadera y gigantesca magnitud.

Desde el siglo XVI, en que sirvieron de inspiración a los abnegados misioneros, émulos de Las Casas y Montesinos, no han perdido lozanía sus enseñanzas, que aun hoy suscitan la admiración de cuantos leen los apuntes tomados por sus alumnos en las memorables clases de aquel egregio varón que merecidamente ha sido llamado el Sócrates español.

Su vida

Vitoria, más que un hombre de acción, fue un hombre de pensamiento. De aquí que su vida carezca de las dramáticas incidencias que prestan características romancescas a las biografías de muchos de sus coetáneos.

Probablemente debió nacer hacia 1483, en Vitoria, capital de la provincia de Álava; aunque no falten quienes sostienen que vio la primera luz en Burgos, donde está probado que pasó las horas sin nubes de su infancia.

En esta última ciudad recibió las nociones elementales de aquella instrucción humanística que la pedagogía renacentista había puesto en auge, y de la que fueron corifeos en España, Lucio Marineo Sículo y Pedro Mártir de Anglería.

Desde la niñez demostró Vitoria gran disposición para el cultivo de las bellas letras, según lo recordaba en 1527 Luis Vives en carta dirigida a Erasmo: *Bonas litteras attingit foeliciter jam inde a puero.*

Al llegar a la adolescencia, ingresó al convento de San Pablo de Burgos, perteneciente a la Orden dominicana. El singular aprovechamiento con que realizó su noviciado en aquellos claustros determinó a sus superiores a enviarle a París para que allí prosiguiera sus estudios.

En París

Debió llegar a la capital francesa a fines de 1506, y, como todos los escolares dominicos, se matriculó en el colegio de Santiago, que era uno de los más prestigiosos entre los cuarenta colegios que formaban el *pays latin.*

La famosa Universidad de París, cuyas cátedras habían ocupado en épocas anteriores Santo Tomás de Aquino, San Alberto Magno, Juan Gerson, Guillermo de Occam y Marsilio de Padua, no era ya el emporio del saber que había constituido tiempos atrás. En la mayor parte de sus colegios se perdía deplorablemente el tiempo en discusiones ociosas y verbalistas. El cáustico Erasmo, señalando ese estado de cosas, escribía por ese entonces: «¿Hay nada más estrecho que el cerebro de estos teólogos?» Y agregaba: «No conozco nada tan bárbaro como su lenguaje, nada más grosero que su espíritu, nada tan espinoso como su doctrina, nada más violento que sus discursos.»

Felizmente, Vitoria no sucumbió a esas nocivas influencias, y como lo observa con sagacidad un autor, allí completó su personalidad, más que por la influencia del medio, por reacción frente a lo que con él convivía.

Durante su permanencia en París, que se prolongó por más de dieciséis años, ocurrieron sucesos de vasta trascendencia, que originaron polémicas en las que nuestro joven estudiante participó apasionadamente. La más famosa de ellas fue la suscitada por las obras de Erasmo —el famoso humanista holandés a quien se acusaba de «haber puesto el huevo empollado por Lutero»—, en la que, a estar a lo que asevera Vives, Vitoria tomó partido por el autor del *Enquiridion*.

Entre sus maestros de París —que no merecían ni con mucho los rudos calificativos de Erasmo— citaremos en primer término a Juan de Fenario, que luego fue general de la Orden de los predicadores, y con el que cursó teología. También fue discípulo del teólogo belga Pedro Crockart, conocido generalmente con la denominación de «el maestro de Bruselas». No sería difícil que Vitoria haya tenido por profesor al escocés John Mair, a quien los humanistas llamaban Joannes Maioris (Scotus), reputado autor que en un comentario a las *Sentencias* de Pedro Lombardo, publicado hacia 1510, analizó los títulos que se alegaban para justificar la conquista de las Indias.

La erudición extraordinaria y la inteligencia de Vitoria hicieron que pronto se le considerara en la capital gala «no como mozo de grandes esperanzas, sino como grande maestro», según dice su biógrafo el padre Araya.

En 1513, el Capítulo General de su Orden, reunido en Génova, le nombró profesor de teología en las Escuelas Mayores *(in magnis scholis)*, pudiendo suponerse que ya anteriormente regenteaba las clases de artes, dedicadas al estudio de la filosofía.

Su triunfo en la docencia fue rotundo. Pero Vitoria no se limitó a esa noble actividad, y en esa etapa de su vida dirigió la publicación de varias obras. Hacia 1512 dio a luz la edición de los Comentarios a la *Secunda Secundae* de Santo Tomás, que había dejado su maestro Crockart. Unos años más tarde revisó la edición de los Sermones (Conciones) de fray Pedro de Covarrubias, que vieron la luz en dos volúmenes —*Pars Stivalis* y *Pars Hiemalis*—, en cuyas portadas el impresor, Yodoco Badio Asensio, hacía constar que la versión había sido revisada por el «eximio profesor Francisco de Vitoria».

En 1521, poco antes de abandonar París, publicó en casa de Jehan Petit *(sub lilio aureo in via Jacobea)* la *Summa Aurea* de Antonio de Florencia, eruditísimo doctor del siglo xv, que años más tarde fue canonizado.

Retorno a España

En 1522, obtenida ya la licenciatura, abandonó Francia, en cumplimiento de una orden de sus superiores, que le habían designado para leer teología en el colegio de San Gregorio, de Valladolid.

No disponemos de informes muy precisos sobre su actuación en este centro docente, pero nos autoriza a creer que debió adquirir relieves excepcionales el hecho elocuente de que, en 1526, cuando quedó vacante la cátedra de prima de teología de la Universidad de Salamanca, fuera indicado por sus superiores —grandemente interesados en mantener esa cátedra en poder de los dominicanos— para hacer oposición al maestro portugués Pedro Margallo, que era, por su sutileza y versación, el teólogo más conspicuo de la época.

Vitoria no defraudó las esperanzas depositadas en él y obtuvo un sonado triunfo. Desde entonces hasta 1546, año de su muerte, se dedicó exclusivamente a la enseñanza, conquistando la admiración de todos por la solidez y profundidad de su doctrina y por la independencia y ecuanimidad de su juicio. Poseído de una sed inextinguible de saber, vivió estudiando hasta el postrer instante. En uno de sus manuscritos se lee: «La sagrada teología no tiene término ni meta en sus aspiraciones; de tal manera que si alguno pasase toda la vida en su asiduo estudio, no adelantaría tanto como reclama la materia. Yo, durante veintiséis años y más me consagré con todas fuerzas a su estudio y me parece que aún no he pasado de las puertas. Si cien años de vida lograra, todos los pasara agradablemente en estos estudios.»

Ni los dolorosos y pertinaces ataques de gota que padecía fueron causa para alejarle de la cátedra, a la que en muchas oportunidades debió hacerse conducir en una silla de inválido, desde su celda del convento de San Esteban.

La disciplina de su trabajo era tan rígida, que ni siquiera podía gozar del descanso de los días festivos. Así nos lo dice él mismo en la breve introducción de la relección *De homicidio:* «Disfrutan los labradores sus ocios, disfrútanlos todos los artistas y obreros; y al ocupar su vida en los días de labor, esperan los descansos de las fiestas, en las que a voluntad aflojan las riendas del trabajo y recrean el espíritu y dan solaz al corazón, olvidados de las fatigas. A nosotros, ni en las fiestas ni en las vísperas se nos consienten estos ocios; para los estudiosos no se conocen ferias; para los ejercicios literarios no existen vacaciones.»

Su influencia

El concurso de los que acudían a oírle, atraídos por su saber era numerosísimo, sobrepasando el millar de oyentes. No sólo asistían a sus clases los jóvenes escolares, sino que tomaban asiento en los duros bancos, hombres ilustres, entre los cuales mencionaremos a Azpilcueta, fundador más tarde de la Universidad de Coimbra; a Silíceo, futuro primado de las Españas; a Gregorio Gallo y Pedro Guerrero, que en el Concilio de Trento sostuvieron con ardor sus opiniones; a Domingo de Soto, cuyo enciclopédico saber dio lugar al adagio estudiantil: *qui scit Sotum, scit totum;* a Melchor Cano, que le sustituiría en la cátedra, y tantos otros cuyos nombres omitimos porque sería largo y prolijo citarlos a todos.

En todos los escritos de quienes le escucharon se encuentran entusiastas elogios de su saber, y, sobre todo, de su capacidad para la docencia, que hizo escribir a Melchor Cano: «El maestro Vitoria podrá tener discípulos más sabios que él, pero diez de los más doctos no enseñarán como él.»

Su influencia suscitó un movimiento teológico tal, que superó, en sentir del eminente historiador de la cultura medieval cardenal Ehrle, al que se desarrolló en el siglo XIII en torno a Santo Tomás de Aquino y San Alberto Magno.

Estudiando su significación en la cultura hispana, ha escrito el ilustre polígrafo Menéndez Pelayo: «Con Vitoria penetró a raudales la luz en el estadio antes inaccesible y un óleo nuevo vigorizó a torrentes los miembros y el espíritu de los nuevos púgiles. De Vitoria data la verdadera restauración de los estudios teológicos en España, y la importancia soberana que la teología, convertida por él en ciencia universal, que abarcaba desde los atributos divinos hasta las últimas ramificaciones del derecho público y privado, llegó a ejercer en nuestra vida nacional...

»Un abismo separa toda la teología española anterior a Francisco de Vitoria de la que él enseñó y profesaba; y los maestros que después de él vinieron valen tanto más o menos según se acercan o se alejan de sus ejemplos y de su doctrina. Todo el asombroso florecimiento de nuestro siglo XVI, todo ese interminable catálogo de doctores egregios que abruma las páginas del *Nomenclator Litterarius* de Hurter convirtiéndole casi en una bibliografía española, está contenido en germen en la doctrina del Sócrates alavés; su influencia está en todas partes...»

Su obra

Es curioso señalar que Vitoria, cuyas enseñanzas, según hemos visto, tuvieron tan vasta repercusión, no escribió obra alguna expositiva de sus ideas, que conocemos fundamentalmente merced a los apuntes tomados en clase por sus discípulos. De aquí que en los textos que reunimos en el presente volumen sea dable observar la redacción desmañada, las omisiones y las construcciones oscuras propias de esas versiones estudiantiles. Los escritos que traducimos deben ser tomados, pues, no como versiones taquigráficas, sino como algo aproximado, cuando no tergiversado, como testifica el primer editor de las *Relecciones* en la dedicatoria al inquisidor Valdés: *alius misere dilacerabit alius corrupte recitabit...*

La actividad docente se cumplía entonces mediante lecciones y relecciones. Eran las primeras las explicaciones cotidianas de la asignatura, siendo las relecciones, según las define el docto investigador Beltrán de Heredia, «las disertaciones o conferencias que pronunciaban los graduandos y los catedráticos ante su respectiva Facultad o ante toda la Universidad sobre algún punto doctrinal».

Al parecer, las relecciones pronunciadas por Vitoria fueron catorce, aunque con respecto a su número exacto hay discrepancias. Los títulos y el orden de las explicadas son los siguientes: *De silentii obligatione; De potestate civili; De homicidio; De matrimonio; De potestate Ecclesiae prior; De potestate Ecclesiae posterior; De potestate Papae e Concilii; De augmento Charitatis; De eo ad quod tenetur veniens ad usum rationis; De simonia; De temperantia; De indis prior; De indis posterior, sive de jure belli hispanorum in barbaros,* y *De magia.*

De estas relecciones, las que más nos interesan son las referentes a los indios y al derecho de la guerra, que constituyen el título máximo de Vitoria a la admiración de la posteridad. Son esas relecciones las que reproducimos en este volumen, en su texto completo, tomando como base para nuestra versión la edición publicada en Madrid, en 1765, por Manuel Martín.

Hemos incluido, además, varios escritos poco conocidos del padre Vitoria, algunos de los cuales aún no habían sido traducidos literalmente a nuestra lengua.

ACTUALIDAD DE VITORIA

En las páginas que integran esta obra, el insigne moralista cristiano pasa en revista los grandes problemas suscitados por la conquista del Nuevo Mundo y formula una doctrina que, como se ha dicho con acierto, tiene un valor teológico especulativo y práctico, no sólo circunstancial, sino permanente.

En aquellas décadas de hierro, enseñó Vitoria que no existirá paz entre los hombres hasta que se proscriba la violencia y hasta que la justicia impere en las relaciones internacionales.

¡Profunda lección que nunca como ahora debe ser meditada!

ARMANDO D. PIROTTO.

BIBLIOGRAFÍA

ABAD Y CAVIA, F.: *El dominico español fray Francisco de Vitoria y los principios modernos del Derecho Internacional*, Madrid, 1909.

ALONSO GETINO, LUIS G.: *El maestro fray Francisco de Vitoria: su vida, su doctrina e influencia*, Madrid, 1930.

ALBERTINI, Q.: *L'Oeuvre de Francisco de Vitoria et la doctrine canonique du Droit de la Guerre*, París, 1903.

BARCIA TRELLES, C.: *Francisco de Vitoria, fundador del Derecho Internacional Moderno*, Valladolid, 1928.

BELTRÁN DE HEREDIA, V.: *Los manuscritos del maestro fray Francisco de Vitoria*, Valencia, 1928.

BERTHÉLÉMY, J.: *Les fondateurs du Droit International*, París, 1904.

BEUVE-MÉRY, H.: *La théorie des Pouvoirs publics d'après François de Vitoria et ses rapports avec le Droit contemporain*, París, 1928.

BROWN SCOTT, J.: *El origen español del Derecho Internacional Moderno*, Valladolid.

BROWN SCOTT, J.: *Francisco de Vitoria*, Lima, 1939.

DELÓS, J. T.: *La Societé international et les principes de droit public*, París, 1929.

FERNÁNDEZ Y MEDINA, B.: *Francisco de Vitoria*, Burgos, 1928.

HINOJOSA, E.: *Francisco de Vitoria y sus escritos jurídicos*, Madrid, 1903.

HINOJOSA, E.: *Influencia que tuvieron en el Derecho Público de su patria los filósofos y teólogos anteriores a nuestro siglo*, Madrid, 1890.

LAREQUI, J.: *La cátedra Francisco de Vitoria y el Derecho Internacional en España en los siglos XVI y XVII*, Madrid, 1927.

LETURIA, P.: *Las grandes bulas misionales de Alejandro VI*, Barcelona, 1930.

MENÉNDEZ PELAYO, M.: *Algunas consideraciones sobre Francisco de Vitoria y los orígenes del Derecho de gentes*, Madrid, 1918.

NYS, E.: *The Classics of International Law. De Indis et de Jure Belli Relectiones being parts of Relectiones Theologicae XII by Franciscus de Vitoria edited by...*, Washington, 1917.

NYS, E.: *Le droit de la guerre et les précurseurs de Grotius*, Bruselas, 1882.

NYS, E.: *Le droit des Gens et les anciens jurisconsultes espagnols,* Bruselas, 1914.

OSSORIO Y GALLARDO, A.: *El pensameinto vivo de Vitoria,* Buenos Aires, 1944.

PIROTTO, A.: *La bula de Alejandro VI como título a la conquista de América. (Síntesis publicada en las actas del II Congreso Internacional de Historia de América),* Buenos Aires, 1938.

RODRÍGUEZ LARRETA, A.: *Orientación de la Política Internacional en la América Latina,* Montevideo, 1938.

SIERRA, V.: *El sentido misional de la conquista de América,* Buenos Aires, 1943.

VANDERPOL, A.: *François de Vitoria et le Droit des Gens,* París, 1920.

VANDERPOL, A.: *La doctrine scolastique du Droit de la Guerre,* París, 1925.

ZABALA, S.: *La colonización española,* Méjico, 1943.

LA CONQUISTA DEL PERÚ

Carta dirigida al padre Miguel de Arcos (1534)

Muy reverendo Padre: Cuanto al caso del Perú, digo a V. P. que ya, *tam diuturnis studiis, tam multu usu*, no me espantan ni me embarazan las cosas que vienen a mis manos, excepto trampas de beneficios y cosas de Indias, que se me hiela la sangre en el cuerpo en mentándomelas.

Todavía trabajo cuanto puedo; que pues ellos se llevan la hacienda, no me quede yo con alguna jactura desta otra hacienda de la conciencia; y aunque se echa poco de ver, creo que no importa menos que la otra.

Lo que yo suelo hacer es *primum, fugere ab illis*. Yo no doy mi tomo que sepa que tiene muchos beneficios, digo fuera del dicho y carta (?).

Lo mismo procuro hacer con los peruleros, que aunque no muchos, pero algunos acuden por acá. No exclamo, *nec excito tragoedias* contra los unos y contra los otros sino ya que no puedo disimular, ni digo más sino que no lo entiendo, y que no veo bien la seguridad y justicia que hay en ello, que lo consulten con otros que lo entiendan mejor. Si lo condenáis así ásperamente, escandalízanse; y los unos allegan al Papa y dicen que sois cismático porque ponéis duda en lo que el Papa hace; y los otros allegan al Emperador, que condenáis a Su Majestat y que condenáis la conquista de las Indias, y hallan quien los oiga y favorezca. *Itaque fateor infirmitatem meam*, que huyo cuanto puedo de no romper con esta gente. Pero si *omnino cogor* a responder categóricamente, al cabo digo lo que siento.

Destos del Perú, *timeo* que no sean de aquellos *qui volunt divites fieri*. I por algunos se dijo: *Impossibile est divitem intrare in regnum coelorum*. Aquí, pues esta hacienda fue ajena, no se puede pretender otro título a ella sino *jure belli*.

Primum omnium, yo no entiendo la justicia de aquella guerra. *Nec disputo* si el Emperador puede conquistar las Indias, *que praesuponno* que lo puede hacer estrictísimamente. Pero, a lo que yo he entendido de los mismos que estuvieron en la próxima batalla con Tabalipa, nunca Tabalipa ni los suyos habían hecho ningún agravio a los cristianos, ni cosa por donde los debiesen hacer la guerra.

Sed, responden los defensores de los peruleros que los soldados no eran obligados a examinar eso, sino a seguir y hacer lo que mandaban los capitanes.

Accipio responsum para los que no sabían que no había ninguna causa más de guerra, más de para roballos que eran todos o los más. I creo que más ruines han sido las otras conquistas después acá.

Pero no quiero parar aquí. Yo doy todas las batallas y conquistas por buenas y santas. Pero hase de considerar que esta guerra *ex confessione* de los peruleros, es no contra extraños, sino contra verdaderos vasallos del Emperador, como si fuesen naturales de Sevilla, *et praeterea ignorantes revera justitiam belli;* sino que verdaderamente piensan que los españoles los tiranizan y les hacen guerra injustamente. I aunque el Emperador tenga justos títulos de conquistarlos, los indios no lo saben ni lo pueden saber; y así *verissime sunt innocentes quantum attinet ad bellum.* I así, *supposita tota justitia belli ex parte hispañorum, non potest bellum ultra procedere* más de hasta sujetarlos, y compelerlos a que resciban por príncipe al Emperador, *in quantum fieri poterit minimo damno et detrimento illorum,* y no para robarlos y echarlos a perder, *quantum spectat ad bona temporalia.*

Que la guerra, máxime con los vasallos, hase de tomar y proseguir por bien de los vasallos y no del príncipe, *si quid habent veri vatum praesagia, id est,* los dichos de los santos y doctores. Ni sé por dónde puedan robar y despojar a los tristes de los vencidos de cuanto tienen y no tienen. En verdad, si los indios no son hombres, sino monas, *non sunt capaces injuriae.* Pero si son hombres y prójimos, *et quod ipsi praese ferunt,* vasallos del Emperador, *non video quomodo excusar* a estos conquistadores de última impiedad y tiranía, ni sé que tan grand servicio hagan a Su Majestat de echarle a perder sus vasallos. Si yo desease mucho el arzobispado de Toledo, que está vaco, y me lo hoviesen de dar porque yo firmase o afirmase la inocencia destos peruleros, sin duda no lo osara hacer. Antes se me seque la lengua y la mano, que yo diga ni escriba cosa tan inhumana y fuera de toda cristiandad. Allá se lo hayan, y déjennos en paz. I no faltará, *etiam intra Ordinem Praedicatorum,* quien los dé por libres, *immo laudet et facta et caedes et spolia illorum.*

Restat del remedio de la composición. *Iterum clamor* de los celosos de la fe y del Papa y del que osa poner duda en lo que el Papa concede.

An mihi non licet nescire quod nescio? (Cicerón). No lo entiendo. No me osaría atener en este caso a la composición. *Ipse viderint.*

Sed quid si envían a Roma? Si presidiese allí San Gregorio, conformarme hía con su determinación: ahora, algund escrúpulo me quedaría, máxime que no me parece restitución incierta. Que si todos los que robaron quisiesen restituir, bien se sabe a quién. Como si robasen a Salamanca, aunque no se sepa que perdió Pedro ni Juan ni Martín, no lo terníamos por restitución incierta. Pero esto no obstante, si éste *ex auctoritate Papae immo epíscopi,* diese la mitad a los pobres, permitiría que se quedase con lo demás. Pero porque dé 200 ó 300 ducados *non intelligo* como excusarle.

Denique, si mihi credis, encomiéndole V. P. a Dios y allá se avenga.

Et vale semper in Domino, Salmanticae 8.ª novembris. Tui studiosissimus.   FRATER FRANCISCUS VITORIA.

EL TRÁFICO DE ESCLAVOS REALIZADO
POR LOS PORTUGUESES

Fragmento de una carta al padre Bernardino de Vique

Muy reverendo padre: *salutem in Domino.* Con todas sus cartas me hace V. R. mucha caridad, aunque vengan sin aceitunas *(sic),* por las cuales le beso las manos, que eran mucho buenas. Yo, bendito nuestro Señor, ni llego a pescado y poco más a aceitunas; pero para dar a amigos las precio mucho más que para comer.

A las dudas, *primum* crea V. R. que quien anduviere a examinar las contrataciones de los portugueses, que no le faltarán achaques en que parar. El remedio general es que los que le cabe parte de aquello, no curen de andar en demandas ni respuestas, sino que cierren los ojos y pasen como los otros.

Pero *in particulari* de los esclavos que los portugueses traen de su India, sin duda si se tuviese por cierto que los portugueses se alzan con ellos por aquella forma y ruindad, yo no sé por dónde los pueda nadie tener por esclavos. Yo no creo que aquél sea trato, a lo menos común de los portugueses, aunque alguna vez haya acaescido; ni es verisímile que el rey de Portugal permitiese tan gran inhumanidad, ni que faltase alguno que le advirtiese dello. Yo, si más no se supiese, por cierto, no veo por dónde los señores que acá los compraron hayan de tener escrúpulo. Basta que *sint parati,* que constándoles ser aquel trato común, farían lo que fueren obligados.

A la otra duda, de los que en sus tierras fueron hechos esclavos en la guerra, tampoco veo por dónde les facer grand escrúpulo, porque los portugueses no son obligados a averiguar las justicias de las guerras entre los bárbaros. Basta que éste es esclavo, sea de hecho o de derecho, y yo le compro llanamente.

Más duda me paresce que hay de los otros que llevan a matar y los cristianos los rescatan, supuesto que los quieren matar injustamente. Pero aun déstos, tampoco veo la injusticia, que no hay duda, sino que aun en tomalle por esclavo, *benegro negotium illud.* Si fuese por acá, adonde no se pueden hacer esclavo *(sic)* el que una vez es libre, sería otra cosa. Pero siendo en tierra donde se puede uno facer esclavo por muchas maneras y voluntariamente venderse, ¿por qué no se podrá voluntariamente dar por esclavo del que le quisiere rescatar, especialmente que si en la misma tierra otro natural le rescatase, queda verdaderamente por esclavo? Pues un cristiano le podría comprar de aquel que le rescató, ¿por qué no de sí mismo? Paresceme que se puede tener por esclavo por toda la vida.

Mayor escrúpulo y más que escrúpulo es que ordinariamente los traen inhumanamente, no se acordando los señores que aquéllos son sus prójimos, y de lo que dice sant Pablo, que el señor y el siervo tienen otro Señor a quien el uno y el otro han de dar cuenta. Que si los tratasen humanamente, sería mejor suerte la de los esclavos inter cristianos, que no ser libres en sus tierras; demás que es la mayor bienaventuranza venir a ser cristianos.

Verdad es que si alguna cosa de inconveniente o injusticia se afirmase por muchos por cosa cierta, no me osaría atener universalmente a esta excusa: que el rey lo sabe y los de su Consejo. Los reyes piensan a las veces del pie a la mano, y más los del Consejo. Pero cosa tan exorbitante como se decía *in primo* artículo, *non est verosimilis,* a lo menos que sea cosa comúnmente usada.

. . . .

Y perdone V. R. que en verdad no puedo ir atrás ni adelante. *Et vale semper in Domino.* De Salamanca a 18 de marzo. *Tui studiosissimus,*

FRATER FRANCISCUS VITORIA (1).

---

(1) A continuación de esta carta hológrafa, publicada por primera vez por el benemérito investigador padre Beltrán de Heredia, se lee la siguiente nota, añadida por el padre Arcos: «Para entender las respuestas de los cativerios de los negros, conviene saber las dudas, que son éstas: Primera: Llevan a Guinea juguetes y entrándolos a ver los negros, álzanse con ellos. A esto responde el maestro en la primera cláusula de esta carta.

»Segunda: De los que fueron hechos esclavos en guerra. A esto responde en la segunda cláusula.

»Tercera: Hay costumbre entre los negros, que cuando llevan a justiciar alguno dellos, si hay quien lo compre, conmútanle la pena en cativerio. Dúdase si el cativerio ha de ser perpetuo o temporal. A esto responde en la tercera cláusula.

»Cuarta: Si nos podemos asegurar con creer que el rey de Portugal y los de su Consejo no permitirán contractaciones injustas.»

DE LA RELECCIÓN DE LA TEMPLANZA

Fragmento

Una vez establecido que no es lícito comer carne humana, ni sacrificar hombres, se plantea una cuestión moral, a saber: si pueden los príncipes cristianos con su autoridad, hacer la guerra a los que tienen la sacrílega costumbre de comer carne humana o de realizar estos nefandos sacrificios —tal como ocurre entre los bárbaros de la provincia de Yucatán en la Nueva España, que recientemente han sido descubiertos—. Y dado que sea lícito, y que los príncipes no puedan declarar la guerra por sí mismos, sí lo podrán hacer por autoridad del Sumo Pontífice.

Agustín Anconitano, el Archidiácono y Silvestre dicen que no debe forzarse a las naciones que quebrantan el derecho divino sobrenatural y revelado, para que desistan de tal violación; lo mismo que tampoco puede hacerse con los que pecan contra la ley cristiana o los que antes pecaban contra la ley mosaica.

La razón estriba en que no pueden ser claramente convencidos de que obran mal, y, por lo tanto, no pueden ser condenados jurídicamente; y como nadie, sin ser antes condenado, puede ser castigado, así tampoco se puede constreñir por medio de la guerra o de la persecución a los pueblos que incurren en tales pecados.

DE LA LECCIÓN EN QUE SE TRATA SOBRE SI EL GUERREAR ES SIEMPRE PECADO MORTAL

Fragmentos de los apuntes tomados por el bachiller Francisco Trigo (Tritius)

Duda séptima.—Se duda si es lícito matar en la guerra. Respondo que si ello es necesario para la victoria, es lícito, como lo es el matar fuera de la guerra a los hombres que perturban la república.

Mas se duda si en un caso como el de los españoles, cuando han vencido al enemigo y no temen de él ningún peligro, porque le ven en fuga, si en ese caso es lícito perseguirlo y ultimarlo, a pesar de que, como he supuesto, la muerte de los adversarios no sea necesaria para la victoria. La respuesta es que se les puede matar, porque el rey no sólo puede recobrar las cosas, sino que tiene potestad para castigar a los enemigos, aun después que han entrado en la ciudad, del mismo modo que podría matar a los ciudadanos incendiarios y no contentarse con la confiscación de sus bienes. Y esto se prueba considerando que si no pudiese matarlos, no se podrían evitar las guerras, pues, una vez terminadas, se reiniciarían en seguida.

Pero agrego que no es lícito proceder a la matanza general de enemigos, sino que ha de tenerse modo en el castigo. Pues así como no podría el rey castigar a todos los ciudadanos de esta ciudad, dado el caso de que se rebelasen contra él, sino que podría castigar a algunos solamente, de la misma manera no puede matar a todos sus enemigos, sino que ha de averiguar si fue por afán de guerra lo que hicieron contra él o si se movieron o no por alguna causa.

Por lo tanto, yo afirmo que, una vez obtenida la victoria en la guerra en que ellos lícitamente peleaban, no es lícito matarlos si ya no amenazase peligro de su parte. Suponiendo que el rey de España pusiese sitio a Bayona y sus ciudadanos se defendieran lícitamente, ya que si no lo hicieran serían traidores, el rey de España, en el caso de ocuparla, no podría matarlos, si no temiese un peligro inminente de parte de ellos. La razón es porque son inocentes; a no ser que amenazase un nuevo peligro por parte de ellos, por estar en una guerra actual en la que es permitido rechazar la fuerza con la fuerza y en la cual los mismos inocentes tienen que perecer.

Duda octava.—Se duda si en esa guerra pueden ser muertos los niños inocentes. Yo discutí sobre esto con alguien del Consejo Real, que aconsejaba el exterminio para que las guerras llegasen a feliz término. En primer término digo que todos los que llevan armas son considerados nocivos, ya que se presume que defienden al rey nuestro enemigo, y es lícito matarlos si no constase lo contrario, esto es, que no hacen daño.

En segundo lugar, digo que cuando es necesario para el fin de la victoria matar a los inocentes, es lícito hacerlo, como el bombardear una ciudad para tomarla, aunque ello cause la muerte de inocentes, ya que estas muertes se siguen sin intento o *per accidens*. De esto no puede dudarse, lo mismo que si se expugnara un castillo.

Agrego que, una vez ocupada la ciudad y hallándose fuera de peligro el vencedor, ya no le sería lícito al rey triunfante matar a los inocentes, como son los niños, los religiosos y los clérigos que no prestan auxilio al enemigo.

La razón es clara; porque siendo ellos inocentes y no siendo menester su muerte para el fin de la victoria, sería herético sostener que se les pueda matar. Y así, en la intención han de diferenciarse los inocentes de los que no lo son y respetar aquéllos.

Duda novena.—Dúdase si es lícito durante una guerra

justa entregar a las ciudades al saqueo, a la destrucción y a la espada. A algunos les parece que sí; porque de otra manera no podría lograrse la conquista de las ciudades, pues los soldados, con esta esperanza, luchan con más denuedo y a la vez se hace mayor el temor de los enemigos; por lo que parece esto necesario para la consecución de la victoria.

Respondo que, si esto no es necesario para la obtención de la victoria, pecan gravemente los que lo permiten. Si fuese necesario, podrían los jefes permitirlo; mas no podrían hacerlo los soldados por su autoridad, como si se tratase de moros, contra los cuales se puede autorizar el pillaje; no porque sean moros, sino porque tienen lo nuestro y porque se supone que la guerra es justa.

En tercer lugar, digo que los jefes deben recomendar a los soldados que no maten a los inocentes, y dado que sepan que los soldados estén dispuestos a hacer por esa prohibición muchas cosas malas, por razón de las cuales pudiera permitirse esto. Se ha de recordar acerca de esta duda, y lo mismo de la precedente, lo que se dice en San Mateo (cap. XIII): *Dejad crecer la cizaña, para que no arranquéis el trigo.* De donde se deduce que algunas veces no deben ser castigados los culpables para que de ello no se originen muertes de inocentes. Por donde Santo Tomás *(Secunda Secundae,* cuestión 2.ª, art. 3.º *ad tertius),* dice: que algunos herejes no han de ser castigados, ya que no pueden serlo sin escándalo y peligro de los inocentes.

A este respecto debo advertir que siempre debe presumirse que en la ciudad hay algunos inocentes, y, por lo tanto, no es piadoso ni cristiano disponer la matanza de todos, porque aparejaría muertes de inocentes; y así los vencedores, por evitar ese peligro, al conseguir la victoria, podrían ocuparse en castigar a los culpables tomando esa represalia como satisfacción de su vindicta.

Se alega en contra de esto el caso de Saúl, que al tomar Amalec mató a todos los niños, sin exceptuar a ninguno que pudiera orinar paredes. Más aún; Samuel le amenazó con que al perdonar a alguno, el Señor le privaría del reino.

Respondo que eso lo hizo el Señor contra un impío; porque el Señor es dueño de la vida, como lo hizo en Sodoma, matando a todos, aun a los inocentes; pero éstos salieron ganando, porque se salvaron, como dice San Jerónimo.

Acerca de esto ha de recordarse la notoria historia del emperador Teodosio, el que por haber entregado al saqueo y a las armas la ciudad de Tesalónica, que se había rebelado contra él, fue excomulgado por San Ambrosio, hasta que hizo penitencia. Y no le excomulgó el santo porque hubiese dispuesto la muerte de los principales de la ciudad, ya que esto le era lícito, sino porque mató a los inocentes. De donde se deduce que en la guerra no es lícito matar a los pobres, ni a los que oran, ni en general a los que no son causa de la guerra ni la fomentan.

Duda décima.—Hay algunos que dicen si no será lícito matar a algunos que ahora son inocentes y no dañan, pero que si quedan con vida nos dañarán después.

Parece que no, puesto que de hecho no dañan. Contra esto preguntan a quien aprovecha el perdonarlos ahora, si en el futuro guerrearán contra nosotros. Yo —digan lo que digan los soldados— respondo que tal cosa no es lícita. No pueden ser muertos los hijos de los infieles, porque ninguna injuria nos hicieron.

. . . .

Duda decimoquinta.—Pregúntase si en la guerra es lícito hacer daños que no nos reporten provecho; pongo por caso, si los españoles pueden incendiar las ciudades de los franceses, o las mieses, etc., porque esa destrucción no cede en utilidad de los españoles.

Respondo que hacer eso por gusto es diabólico y como fuego del infierno; porque ello no es necesario para conseguir la victoria, porque no es piadoso entre cristianos y, en fin, porque es una destrucción de ciudades que en muchos años no se pueden reedificar, como dijo Sócrates a Alejandro, cuando destruía una: *Verdaderamente, en muchos años no se reedificará otra semejante.*

. . . .

Duda decimoséptima.—Sólo resta una duda acerca del cuarto argumento del texto de Santo Tomás. Para probar que la guerra no es lícita se alega que los ejercicios militares, tales como los torneos, están prohibidos por la Iglesia bajo pena de privación de sepultura eclesiástica para los que sucumbieren en ellos... Esto se confirma en España, donde vemos que en justas y torneos mueren algunos, como el mayorazgo de Oñate. De donde se deduce que si estos juegos y las cañas no son lícitos...

A esto respondo que semejantes ejercicios son lícitos de suyo. Y si se me hace la objeción de que algunas veces se siguen de ellos algunas muertes, contesto diciendo que muchos constructores mueren mientras edifican, a consecuencia de caídas, y no obstante esto nadie dice que sea ilícito levantar casas, porque esas muertes y heridas no se siguen *per se* y con intención.

Si comúnmente se siguiera la muerte, estarían esos ejercicios prohibidos; mas de otra suerte no.

P R I M E R A   P A R T E

RELECCIÓN PRIMERA DE LOS INDIOS ÚLTIMAMENTE DESCUBIERTOS

El pasaje que ha de releerse es de San Mateo: *Doctrinad a todas las naciones, bautizándolas en el nombre del Padre, del Hijo y del Espíritu Santo.* (De San Mateo, cap. último.)

SUMARIO

1. Para alcanzar una conciencia segura en las cosas dudosas, se debe consultar a aquellos a quienes corresponde enseñar sobre ellas.—2. En las cosas dudosas, después de consultadas con los sabios, debe seguirse su dictamen, porque de otro modo no se estará seguro.—3. En las cosas dudosas, si después de consultado el caso, los sabios definen como lícita una cosa, aunque en otras circunstancias fuere ilícita, se debe, para la seguridad de la conciencia, seguir el parecer de aquéllos.—4. Si los indios bárbaros eran, antes de la llegada de los españoles, verdaderos dueños privada y públicamente, y si había entre ellos verdaderos jefes y señores de los otros.—5. Se examina el error de algunos que decían que nadie, estando en pecado mortal, puede tener dominio sobre cosa alguna.—6. El pecado mortal no impide el dominio civil y dominio verdadero.—7. Si el dominio se pierde por razón de la infidelidad.—8. Por derecho divino, el hereje no pierde el dominio sobre sus bienes por causa de su herejía.—9. Si, por derecho humano, pierde el hereje el dominio de sus bienes.—10. El hereje, desde el día en que cometió el crimen, incurre en la pena de confiscación de bienes.—11. No es lícito al Fisco ocupar los bienes de los herejes antes de la sentencia condenatoria, aunque conste el crimen.—12. Dictada la sentencia, aunque sea después de la muerte del hereje, se retrotraen los efectos de la confiscación de los bienes al tiempo en que se cometió el crimen, cualquiera que sea el poseedor actual de esos bienes.—13. Las ventas, donaciones y cualesquiera otras enajenaciones de bienes del hereje, son, desde el día en que se cometió el crimen, inválidas, etc.—14. Si el hereje antes de ser condenado, es dueño de sus bienes en el fuero de la

conciencia.—15. El hereje puede, lícitamente, vivir de sus bienes.—
16. El hereje puede transmitir a título gratuito sus bienes; verbigracia,
por donación.—17. El hereje no puede transferir sus bienes a título
oneroso, por ejemplo, vendiendo o dándolos en dote, si su crimen
puede ser ventilado en juicio.—18. En qué caso puede el hereje, aun
a título oneroso, enajenar lícitamente sus bienes.—19. A los bárbaros
no se les puede impedir el ser verdadero dueños, tanto pública como
privadamente, ni por causa de pecado mortal alguno, ni por razón
del pecado de infidelidad.—20. Si para ser capaz de dominio se requiere tener uso de razón.—21. Si el niño puede ser dueño antes del
uso de razón.—22. Si el amente puede ser dueño.—23. A los bárbaros,
con pretexto de amencia, no se les puede impedir ser verdaderos
dueños, puesto que no son amentes.—24. Los indios bárbaros, antes
de que llegaran a ellos los españoles, eran verdaderos dueños, tanto
pública como privadamente

*Doctrinad a todas las naciones, bautizándolas en el nom-
bre del Padre, del Hijo y del Espíritu Santo.*

(San Mateo, cap. último.)

En este pasaje se promueve la cuestión de si es lícito
bautizar a los hijos de los infieles contra la voluntad de
sus padres, la cual está tratada por los doctores al comentar el libro IV de las *Sentencias*, distinción 4.ª, y por Santo
Tomás, *Secunda Secundae*, cuestión 10, art. 12, y 3.ª parte,
cuestión 68, art. 10.

Y toda esta controversia —al igual que esta relección—
se ha suscitado a causa de los bárbaros del nuevo orbe, a
los cuales comúnmente llaman indios, que antes eran igno-
rados por nosotros y que hace cuarenta años quedaron
sometidos al dominio de los españoles.

La controversia acerca de ellos tendrá tres partes. En la
primera se indagará en virtud de qué derecho quedaron
sujetos al señorío de los españoles; en la segunda, qué
potestad tienen sobre ellos los príncipes de los españoles
en lo temporal y en lo civil; y en la tercera, qué poder
tienen sobre ellos, tanto dichos príncipes como la Iglesia,
en las cosas espirituales y en las referentes a la religión,
donde quedará contestada la cuestión propuesta.

SE OBJETA QUE ESTA CONTROVERSIA ES INÚTIL

En lo que atañe a la primera parte, puede parecer a primera vista que toda esta discusión es inútil y ociosa, no sólo para nosotros, a quienes no nos incumbe ni el discutir si todo se conduce rectamente en el gobierno de aquellos hombres, ni el dudar de tal asunto, ni el corregir a nadie si acaso alguno peca, sino también para aquellos a quienes corresponde considerar y administrar tales asuntos.

Primeramente, porque ni los príncipes de los españoles ni aquellos que integran sus Consejos, están obligados a examinar y tratar nuevamente todos los derechos y títulos sobre los que ya se deliberó y sentenció, máxime tratándose de territorios que los príncipes ocupan de buena fe y de los que están en pacífica posesión.

Porque, como dice Aristóteles en el libro III de los *Éticos,* si cada cual debiera consultar siempre, haríase el negocio infinito, y no podrían ni los príncipes ni sus consejeros estar seguros y ciertos en sus conciencias; y nada pudiera tenerse por averiguado si hubiera que revisar desde su origen los títulos del propio imperio.

Y luego, porque no es de creer que nuestros príncipes Fernando e Isabel, que ocuparon los primeros aquellas regiones y fueron cristianísimos, y el emperador Carlos V, que es también muy justo y grandemente religioso, no hayan indagado y examinado con diligencia todo lo que pueda importar a la seguridad de su estado y conciencia, máxime en materia de tanta importancia. De modo que es, no sólo excusado, sino también inútil, el discutir sobre esto, tal como sería el buscar nudos en el junco e iniquidades en la casa del justo.

Se responde a esta objeción.—Para resolver esta objeción, hay que tener presente lo que Aristóteles dice en el tercer libro de los *Éticos,* que es, que así como la consulta y la deliberación no caben en las cosas imposibles y necesarias, tampoco cabe consulta moral en aquello que es notoriamente lícito y honesto o que, por lo contrario, es cierta y evidentemente ilícito y deshonroso. Pues nadie tiene que consultar si debe vivir con fortaleza, templanza y justicia, o si debe hacerlo cometiendo injusticias o infamias, incurriendo en adulterios o perjurando u ofendiendo a los padres, y otras cosas semejantes. Ciertamente que consulta tal no sería digna de un cristiano...

Pero cuando tratamos de hacer algo de lo que racionalmente podemos dudar si es bueno o malo, justo o injusto, entonces es procedente la duda y debemos usar de la consulta, para no tener que lamentarnos de haber hecho temerariamente alguna cosa, antes de haber averiguado y hallado si es lícita o no. Y de esta suerte son cosas que, como muchos géneros de contratos, ventas y otros negocios, según se las mire, tienen aspectos buenos y malos.

Todas estas cosas son de tal condición, que si alguno, antes de deliberar y asegurarse legítimamente de su licitud, las ejecutase, pecaría sin lugar a dudas, aunque la considerara lícita; y no le excusaría la ignorancia, puesto que es evidente que no sería invencible, ya que él no habría hecho lo que estaba de su parte, esto es, averiguar si era lícita o ilícita. Porque para que un acto sea bueno, es necesario, si de otro modo no se tiene la certidumbre, que se haga de acuerdo con la definición y determinación del sabio. Ésta es, según el segundo de los *Éticos,* una de las condiciones del acto bueno, y, por lo tanto, aquel que no consultó a los sabios en materia dudosa, no puede tener excusa.

Es más: dado que tal acto sea en sí lícito, si surgen dudas razonables acerca de su licitud, es necesario consultar a los sabios y obrar conforme a su parecer, aunque quizá se equivoquen.

Y así, si alguno hiciera algún contrato acerca de cuya licitud haya dudas entre los hombres, sin requerir el consejo de los doctos, sin duda que pecaría aunque de suyo el contrato fuese lícito y como tal lo tuviese él, basándose no en la autoridad de los sabios sino en su propia inclinación y sentencia.

Y por la misma razón, si alguien consultare sobre una cuestión dudosa a los sabios y éstos le contestaren que no es lícita, e igualmente obrase por propio juicio contra el parecer de los sabios, pecaría, aunque la cosa fuese en sí lícita.

Y así, por ejemplo, si alguno dudara que una determinada mujer fuese su esposa y de si debía darle el débito conyugal, o si le estaba permitido, o aun si lo podía exigir, y consultara a los doctos y a pesar de contestarle éstos negativamente, pensase, llevado del cariño de la mujer o del propio deseo, que no debía darles crédito y que todo ello le era lícito, ciertamente pecaría si llegase a tal mujer, aunque el hecho fuera, en realidad, lícito, ya que obraría contra la conciencia a la que es necesario obedecer.

Porque en las cosas que atañen a la salvación, hay obligación de creer a aquellos que la Iglesia ha puesto para enseñar; y en los asuntos dudosos, su parecer es ley.

Que así como en el fuero contencioso el juez está obligado a juzgar según lo alegado y probado, en el fuero de la conciencia todos deben juzgar no por su propio albedrío sino por razones probables o por la autoridad de los sabios. Lo contrario es temerario y expone a errores, y verificándolo, en sí ya se yerra.

Por esto en el Antiguo Testamento se preceptuaba en el Deuteronomio, XVII: *Si estando pendiente ante ti una causa en que hallares ser difícil el discernimiento entre sangre y sangre, entre pleito y pleito y entre lepra y lepra y vieres que son varios los pareceres de los jueces que tienes en tu ciudad, marcha y acude al lugar que habrá escogido el Señor Dios tuyo, donde recurrirás a los sacerdotes del linaje levítico y al que como Sumo Sacerdote fuese en aquel tiempo Juez Supremo del pueblo y le consultarás y te manifestarán cómo has de juzgar, según verdad, y harás todo lo que te dijeren los que presiden en el lugar escogido por el Señor y lo que te enseñaren, conforme a su ley, y seguirás la declaración de ellos, sin desviarte a la diestra ni a la siniestra.* Así, digo, en las cosas dudosas cada uno debe de consultar a aquellos constituidos por la Iglesia para ello, como son los prelados, los predicadores y los confesores, peritos en las leyes divinas y humanas, pues en la Iglesia

unos son ojos, otros pies, etc. (Ep. a los Corintios, 12.)
Y en la Epístola a los Efesios, 4, se dice: *Ha puesto Dios
varios miembros en.la Iglesia, unos en primer lugar, Apóstoles; en segundo lugar, Evangelistas, y en el tercero, Pasto-
res y Doctores.* Y en San Mateo (cap. XXIII, 2 y 3) se
lee: *Los escribas o doctores de la Ley están sentados en la
Cátedra: practicad y hacer todo lo que os dijeren.* Y también en el primero de los *Éticos* prescribe lo mismo Aristóteles con las palabras de Hesíodo:

> Quien, siendo ignorante, no presta oídos a los demás
> para enterarse del bien, es un necio y un inútil.

No basta, pues, para la seguridad de la conciencia y de
la vida, que uno mismo juzgue que obra bien, sino que es
menester que en las cosas dudosas se repose en la opinión
de aquellos a quienes de derecho toca aclararlas. Y no basta
que los comerciantes se abstengan de lo que ellos reputan
como ilícito, si por otra parte hacen contratos ilícitos sin
el consejo de los peritos.

Por esto no reputo verdadero lo que el cardenal Cayetano dice, cuando afirma que si surge una duda acerca de
algo que es en sí lícito, y los predicadores y confesores que
tienen autoridad para juzgar de ello, lo declaran ilícito o
lo predican como mortal, cuando no es sino venial, no
peca quien llevado de su afecto a eso se forme conciencia
de que no es mortal y lo haga, no prestándoles crédito.
Y pone, por ejemplo, el uso de afeites y otros adornos
superfluos de las mujeres, que en realidad no es mortal.
Pues bien, si los predicadores y confesores dijeran que esto
constituye pecado mortal, la mujer que por ansia de embe-
llecerse no los oyera, y creyera que era cosa lícita o que
no era pecado mortal, no pecaría mortalmente al engala-
narse de esa manera.

Yo digo que esta aseveración es peligrosa. Porque la
mujer está obligada a creer a los peritos en aquello que es
necesario para la salvación y se pone en peligro haciendo
lo que, en opinión de los sabios, es mortal.

Por el contrario, quien en materia dudosa consultó con los sabios, cuyo parecer fue que era lícito lo que se proponía hacer, puede tener la conciencia tranquila al efectuarlo, hasta que le llegue una segunda y distinta opinión de otra autoridad análoga, que le mueva nuevamente a duda, o aun a creer que la verdad es lo contrario. Esto resulta bien claro, ya que él ha hecho todo lo que estaba de su parte, por lo que la ignorancia es en este caso, invencible.

De todo esto se deducen las siguientes proposiciones:

1. PRIMERA.—*En materia dudosa debe consultarse con aquellos a quienes corresponde enseñar sobre ella, ya que de otra manera no hay seguridad de conciencia, tanto si la duda es en cosas realmente lícitas o en las realmente ilícitas.*

2. SEGUNDA.—*Si consultada la cuestión dudosa con los sabios, éstos dictaminaran que es ilícita, hay que atenerse a su parecer; y el que hiciere lo contrario no tiene excusa, aunque, por otra parte, la cosa de suyo fuera lícita.*

3. TERCERA.—*Por el contrario, si los sabios sentenciasen que la cosa es lícita, quien siga su opinión estará seguro en su conciencia, aunque la cosa sea en realidad ilícita.*

Duda principal.—Tornando, pues, a nuestro tema, diremos que ni el asunto de los bárbaros es tan evidentemente injusto que no podamos discutir su legitimidad, ni tan notoriamente justo que no podamos dudar de su injusticia, habiendo en él aspectos que permiten sostener una y otra tesis. Porque primeramente, si consideramos que todo este asunto lo manejan hombres doctos y buenos, creeremos que todo se ha hecho con rectitud y justicia. Pero luego oímos hablar de tantas hecatombes humanas, de tantas expoliaciones de hombres inofensivos, de tantos señores desposeídos de sus posesiones y riquezas, que hay mérito para dudar de si todo esto ha sido hecho con justicia o con injuria. Es por eso que esta cuestión no parece del todo inútil, con lo que queda contestada la objeción.

Pero hay más aún: pues aunque se diera por sentado que ninguna duda cabe en toda esta cuestión, no es cosa nueva plantear discusiones teológicas sobre materias ciertas. Hasta sobre la encarnación del Señor y demás artículos de la fe

disputamos. Y es que no todas las discusiones teológicas
son siempre del género deliberativo, sino que frecuentemente pertenecen al género demostrativo, esto es, que son pro-
movidas no con el fin de indagar, sino con el de enseñar.

Se contesta a otra objeción.—Si a alguno se le ocurriera
decir que aunque alguna vez pudiera haber habido dudas
sobre esta cuestión, ya todas ellas han sido tratadas y resueltas por los sabios y que es innecesario un nuevo examen porque todo se gobierna conforme a su consejo, se le
debería responder que si así es, ¡bendito sea Dios!, y que
no queremos estorbarlo con nuestra discusión, ni suscitar
nuevos conflictos.

En segundo término correspondería decirle que no pertenece a los jurisconsultos fallar este asunto, o al menos, a
ellos solos. Porque como aquellos bárbaros —según diré de
inmediato— no están sujetos por derecho humano, sus cosas no pueden, por lo tanto, ser resueltas por las leyes humanas, sino por las divinas, en las cuales los juristas no
están lo suficientemente versados para poder emitir pareceres. Y yo no sé que para el estudio y solución de esta
cuestión hayan sido convocados teólogos dignos que pudieran ser oídos con respeto en asunto de tanta entidad.
Y puesto que se trata de algo que entra en el fuero de la
conciencia, corresponde fallar a los sacerdotes, o sea a la
Iglesia. Por esto en el *Deuteronomio,* cap. XVII, se manda
que el monarca reciba de manos del sacerdote el ejemplar
de la ley.

En tercer lugar agregaríamos que, aunque lo principal
de la cuestión esté suficientemente examinado y comproba-
do, podría ocurrir que en tan magna cuestión ocurrieran
dudas particulares que merecieran ser dilucidadas.

En verdad que creería haber hecho, no algo inútil y ocio-
so, sino obra de gran valía, si lograra desarrollar esta cuestión con la seriedad que ella merece.

4. CUESTIÓN PRIMERA.—Volviendo a nuestro asunto, y
para proceder con método, preguntaré en primer término
*si estos bárbaros, antes de la llegada de los españoles, eran
verdaderos dueños pública y privadamente;* esto es, si eran

verdaderos dueños de las cosas y posesiones privadas, y si había entre ellos algunos hombres que fueran verdaderos príncipes y señores de los demás.

Argumentos para la negativa.—Puede esta cuestión ser contestada negativamente. Porque los siervos no tienen dominio en las cosas, pues *el siervo nada puede tener como suyo* (Instituta, *Per quas person. nob. adquirere liceat,* y el Digesto, *De adquirenda hereditate,* Ley *Placet*); por lo que todo lo que adquiere, lo adquiere para el señor. (Instituta, *De his qui sunt sui vel alieni juris,* Ley *Nam apud omnes.*) Pero esos bárbaros son siervos, luego... Y se quiere probar la menor diciendo que, como con elegancia y precisión lo afirma Aristóteles en el libro I de la *Política:* «Hay quienes son por naturaleza siervos, y para los cuales es mejor servir que mandar.» Son éstos aquellos que carecen de la razón necesaria para gobernarse a sí mismos y que sólo la tienen para hacerse cargo de lo que les mandan y cuya fuerza está más en el cuerpo que en el espíritu. Y si hay gente que así sea, lo son más que nadie estos bárbaros, que parecen distar muy poco de los animales irracionales. y son totalmente inhábiles para gobernar. Sin duda que más les conviene ser gobernados por otros que regirse a sí mismos. Y pues Aristóteles dice que el derecho natural es que sirvan estos tales, no pueden, por lo tanto, ser señores.

Y nada obsta —continuando— que antes de la llegada de los españoles, no tuvieran otros amos, puesto que se puede admitir sin violencia que haya siervo sin señor, como lo señala la *Glosa,* en la Ley *Si usum fructum, De liberali causa.* Lo dice expresamente el texto en ella citado, y se halla además un caso en la Ley *Quid servum, D. De servorum stipulatione* (XLV, 3, 36), que declara que a un siervo, abandonado por su amo y por ninguno apropiado, se lo puede apropiar cualquiera. Luego, si los indios eran siervos, pudieron los españoles apoderarse de ellos.

Argumentos para la afirmativa.—Contra esto diremos que ellos estaban pública y privadamente en pacífica posesión de sus cosas, y, por lo tanto, mientras no se demuestre

lo contrario, deben ser tenidos por verdaderos señores y
no puede despojárseles de su posesión, sin justa causa.

Para llegar a la solución de este asunto, no voy a recordar lo mucho que sobre la definición y división del dominio
traen los doctores, de lo cual traté extensamente al hablar
de la Restitución (IV, 15, y sobre la *Secunda Secundae* de
Santo Tomás, cuestión 62) y que omito repetir, no sea que
por decirlo nuevamente deje de lado otras cosas más necesarias.

Y dejándolo así, debe notarse que si los bárbaros no tuvieran dominio, no podría ser por otros motivos que los
de ser pecadores, o infieles o amentes o idiotas.

5. ERRORES DE ALGUNOS.—Ha habido algunos que han
sostenido que el título del dominio es la gracia, y que, por
consecuencia, los pecadores —al menos aquellos que actualmente están en pecado mortal— no tienen dominio sobre
cosa alguna. Éste fue el error de los pobres de Lyón o
valdenses, y después de Juan de Wicleff, error que fue
condenado por el Concilio de Constanza en su fórmula:
Nadie es señor civil mientras esté en pecado mortal. Esta
misma opinión fue defendida por Armacano en el libro X,
De quoestionibus armenorum, c. 4, y en el diálogo *Defensorium Pacis,* y Waldo escribió para replicarle en su *Doctrinalis antiquitatum,* libro III, c. 82 y 83, y t. 2, c. 3. Sostiene
Armacano que tal dominio es rechazado por Dios, citando
a Oseas (c. 8): *Ellos reinaron, mas no por mí; instituyeron
príncipes, mas yo no lo supe.* Y añade el motivo: *De su
plata y de su oro hicieron ídolos para sí, para ser talados,*
etcétera. Y, por lo tanto, concluye, los tales pecadores carecen ante Dios de justo dominio.

Cierto es que todo dominio proviene de la autoridad
divina, pues Dios es el creador de todo, y nadie puede
tener dominio sino aquel a quien Él se lo dé. Ahora bien,
no se concibe que ese dominio lo dé a los desobedientes
y transgresores de sus preceptos, del mismo modo que no
se concebiría que los príncipes terrenos dieran sus bienes,
tales como villas y castillos, a los rebeldes, a los cuales, si
se los hubieran dado antes, es seguro que se los quitarían.

Pero como por las cosas humanas debemos de juzgar de las divinas (Ep. a los Romanos, 1), se deduce que Dios no concede el dominio a los desobedientes. En señal de lo cual, Dios arroja algunas veces a estos tales del trono como en los casos de Saúl (*Reyes*, I, 15 y 16), de Nabucodonosor y de Baltasar (*Daniel*, 4 y 5). Además, en el Génesis, capítulo I, se dice: *Hagamos al hombre a nuestra imagen y semejanza para que domine en los peces del mar*, etc. Aparece, pues, claro, que el dominio se funda en ser el hombre imagen de Dios; pero ésta no se halla en el pecador, que, por lo tanto, no puede ser señor.

Además, el pecador comete crimen de lesa majestad; luego merece perder el dominio.

Además, San Agustín dice que el pecador no es digno del pan que come.

Además, el Señor dio a nuestros primeros padres el dominio del Paraíso, y por causa de su pecado les privó de él; por lo tanto...

Es cierto que tanto Wicleff como Armacano no distinguen, y parece más bien que hablan del dominio de soberanía que corresponde a los príncipes. Pero como los argumentos proceden de igual forma para toda clase de domino, parece que deben tomarse como dichos de todo dominio en general, y así entiende esta sentencia Conrado, *De Contractibus,* libro I, cuestión 7, y con claridad el mismo Armacano lo da a entender. Por lo tanto, quienes profesan esta tesis, pueden decir que los bárbaros no tenían dominio, pues siempre estaban en pecado mortal.

6. LA VERDADERA DOCTRINA.—Pero contra esta tesis se establece la siguiente proposición: *El pecado mortal no impide el dominio civil y dominio verdadero.*

Aunque este punto está ya definido por el Concilio de Constanza, arguye todavía Almainio (IV, distinción 15, cuestión 2.ª), siguiendo a Alíaco y trae a colación el ejemplo del que estando en pecado mortal tuviese estrecha necesidad de comer pan, el cual se encontraría perplejo, pues por una parte tendría necesidad de alimentarse, y por otra parte, no pudiendo tener nada propio, se vería forzado a tomar de lo ajeno; luego no podría evitar el cometer pecado grave.

Pero este argumento carece de fuerza. Primeramente, porque ni Armacano ni Wicleff parecen referirse al dominio natural, sino al civil. En segundo lugar, porque cabe negar la consecuencia, ya que es sabido que en caso de necesidad hay derecho a tomar lo ajeno. En tercer lugar, no se hallaría perplejo, porque puede arrepentirse.

Hay que fundarse en otras razones, y éstas son:

1.ª Afirman los contrarios que, porque el pecador no tiene dominio civil (del cual parece que hablan), no puede tenerlo natural. Yo niego la consecuencia. Y lo pruebo. Porque el dominio natural es don de Dios, como el civil, y aún más, pues el civil más bien parece derecho humano y, por lo tanto, si por ofender a Dios el hombre perdiera el dominio civil, por la misma razón tendría que perder el dominio natural. Y la falsedad de tal consecuencia está demostrada en el hecho de que por el pecado no pierde el pecador el dominio sobre los propios actos y sobre los propios miembros, pues tiene el derecho de defender su propia vida.

2.ª La Sagrada Escritura llama reyes frecuentemente a quienes eran malos y pecadores, como a Salomón, Acab y a otros muchos; y como no es rey el que no es dueño, luego...

3.ª Retuerzo el argumento hecho por la parte contraria y digo: El dominio se funda en ser el hombre imagen de Dios, pero el hombre es imagen de Dios por su naturaleza, esto es, por las potencias racionales, luego no se pierde por el pecado mortal. La menor se prueba por San Agustín (*De Trinitate*, lib. IX) y por otros doctores.

4.ª David llama a Saúl su Señor y su Rey, en el mismo tiempo que era perseguido por él (*Reyes,* 16, y en otros lugares). Cuando el mismo David pecó, no por eso perdió su reino.

5.ª En el Génesis, capítulo XLIX, se dice: *No será quitado el cetro de Judá, ni el jefe de su linaje, hasta que ven-*

ga el que ha de ser enviado, etc. Y, sin embargo, muchos reyes fueron malos, luego...

6.ª La potestad espiritual no se pierde por el pecado mortal, y menos se ha de perder la civil, que se funda menos en la gracia que la espiritual. Y lo afirmado es notorio, puesto que el mal presbítero consagra la eucaristía y el mal obispo a los sacerdotes. Cosa que aunque niegue Wicleff, reconoce Armacano.

7.ª Por último, no es de ningún modo verosímil que habiendo sido ordenado obedecer a los príncipes (Ep. a los Romanos, 13; y en la I de San Pedro, 2: *Obedeced a vuestros superiores, no solamente a los buenos, sino también a los díscolos*), y no tomar lo ajeno, haya querido Dios que sea incierto e inseguro quienes sean los verdaderos príncipes y dueños.

En resumen, la doctrina contraria es una herejía manifiesta. Que así como Dios hace salir el sol sobre los buenos y sobre los malos y caer la lluvia sobre los justos y los pecadores, así también da los bienes temporales a los buenos y a los malos.

Hemos discutido esto, no porque tengamos dudas, sino para que por el crimen de uno, esto es, por tan insensata herejía, conozcamos a todos los herejes.

7. OTRO ARGUMENTO EN CONTRA.—Pero aún queda por saber *si al menos por razón de infidelidad se pierde el dominio.* Se dice que sí, porque los herejes no tienen dominio; luego no han de tenerlo los otros infieles, que no parece puedan estar en mejor condición. El antecedente consta en el capítulo *Cum secundum* (*De haereticis,* 6), donde se ordena que los bienes de los herejes sean confiscados *ipso jure.*

A esto respondo en forma de proposiciones.

Se responde al mismo.—Primera: La infidelidad no es impedimento para ser verdadero propietario. Esta conclusión es de Santo Tomás, en la *Secunda Secundae,* cuestión 10, artículo. 12. Y se prueba, primeramente, porque las Escrituras llaman reyes a algunos infieles, como Senaquerib, Faraón y otros.

Además, porque el odio a Dios es pecado más grave que la infidelidad, y, sin embargo, por tal odio no se pierde el dominio. Por otra parte, San Pablo (Ep. a los Romanos, 18) y San Pedro (1.ª, cap. XX), mandan prestar obediencia a los príncipes, que entonces eran todos infieles, del mismo modo que a los esclavos se les ordena obedecer a sus amos. Tobías mandó devolver como si se tratara de algo robado, un cabrito quitado a los infieles (Tob., 2), lo que no tendría razón de ser si los gentiles no tuvieran dominio. Además, José hizo a toda la tierra de Egipto, tributaria de Faraón, que era infiel (Génesis, 47).

Además, por la razón dada por Santo Tomás, quien dice que la infidelidad no priva del derecho natural ni del humano, y como los dominios pertenecen al derecho natural y al humano, no se pierden por la carencia de fe. De ello que este error sea tan manifiesto como el anterior.

De lo cual se deduce que no es lícito despojar de sus cosas a sarracenos ni a judíos ni a cualesquier otros infieles, nada más que por el hecho de ser infieles, y el hacerlo es hurto o rapiña, lo mismo que si se hiciera a los cristianos.

8.   Pero como la herejía presenta especiales dificultades, formularé una segunda proposición, que reza: *Según el derecho divino, el hereje no pierde el dominio de los bienes*.

Esto todos lo admiten y es manifiesto. Pues como la pérdida de los bienes es una pena, y no hay pena alguna en la ley divina para este estado, es claro que, según el derecho divino, no se pierden los bienes por causa de herejía.

Además, se evidencia esta proposición con la primera. Porque si por la infidelidad no se pierde el dominio, por la herejía tampoco, pues nada especial se ha establecido en el derecho divino sobre la herejía acerca de este punto particular.

9.   Pero ¿qué sucede por derecho humano? Conrado en *De Contractibus,* libro I, cuestión 7.ª, conclusiones 2 y 3, parece sostener que el hereje *ipso facto* pierde el dominio de sus bienes, de tal modo que en el fuero de la conciencia queda sin dominio. De lo cual deduce que no puede enaje-

nar, ni obliga la enajenación si la hace. Prueba esto con el capítulo *Cum secundum leges,* en el cual el Papa dispone que en ciertos crímenes pierdan sus autores, por la sola comisión del delito, el dominio de sus cosas, y además el Papa determina que esto mismo sucederá en el crimen de herejía. Y lo mismo parece sostener Juan Andrés en el referido capítulo *Cum secundum,* y parece encontrarse también en la ley 4 del Código, *De haereticis* (I, 5, 4), en la cual se prohíbe a los herejes la venta y la donación y cualquier otro contrato acerca de sus bienes.

Además, las leyes obligan en el fuero de la conciencia, según enseña Santo Tomás (I, 2.ª, cuestión 96, art. 4.º).

10. Para aclararlo más servirá la tercera proposición: *El hereje, desde el día en que comete ese crimen, incurre en la pena de confiscación de sus bienes.*

Así lo sostienen generalmente los doctores y se establece en el *Directorium Inquisitorum,* libro III, título 9, y en la *Summa Baptistana* en la palabra *Absolutio,* y aparece determinado en el ya citado capítulo *Cum Secundum leges;* y en la dicha ley 4 del Código, capítulo *De haereticis.*

11. Cuarta proposicón: *Sin embargo, aunque conste el crimen, no es lícito al Fisco apoderarse de los bienes del hereje antes de la condenación.*

Esto también lo admiten todos y lo determina el capítulo ya citado *Cum Secundum.* Además de que sería contrario al derecho divino y al natural que se ejecutara la pena antes de la condenación.

12. Resulta de la tercera conclusión que *la condenación, aun hecha después de la muerte, retrotrae los efectos de la confiscación al tiempo en que se cometió el crimen, sea quien sea el poseedor en el momento de la condenación.*

Este corolario es también admitido por todos, y especialmente por el Panormitano, en el capítulo último del título *Re haereticis.*

13. En segundo lugar se infiere que *las ventas, donaciones y toda enajenación de bienes hecha desde el día en que se cometió el crimen son inválidas.* Y así, pronunciada la condena, todas esas enajenaciones las rescinde el Fisco, y el

mismo Fisco se apodera de los bienes, sin tener que restituir el precio a los compradores. Y también esto lo admiten todos, y señaladamente el Panormitano en el pasaje citado anteriormente y está claro en la ley 4 del Código.

14. Quinta proposición: *El hereje es, sin embargo, dueño en el fuero de su conciencia, antes de que se le condene.*

Esta proposición parece ser contra el sentir de Conrado y del *Directorium*, y también de Juan Andrés, pero en cambio está acorde con el de Silvestre, en la palabra *Haeresis*, I, 8. Y la sostiene también y la discute largamente Adriano (Quod. 6, cuestión 2), y lo mismo parece decir Cayetano en la *Summa*, en la palabra *Poena*.

Y se prueba, en primer lugar, porque la privación, aunque sólo sea en el fuero de la conciencia, ya es una pena, y de ningún modo debe infligirse antes de la condenación, tanto más cuanto no estoy seguro de que el derecho humano pueda decretar esa pena de conciencia. En segundo lugar, manifiestamente lo prueba el citado capítulo *Cum secundum leges*, pues de este modo es como se preceptúa la confiscación, *ipso facto*, por matrimonio incestuoso. Y del mismo modo si una mujer ingenua se casa con su raptor. Asimismo, si alguno no paga el impuesto exigido por las mercaderías importadas, se le confiscan los bienes *ipso facto*.

Lo mismo sucede con aquel que exporta mercancías prohibidas, como armas o hierro a los sarracenos, como consta en el dicho capítulo *Cum secundum leges*, del Código *De incestiis nuptiis* (Ley *Cum ancillis*, V, 5, 3), *De raptu virginum* (IX, 13, 1), *De Judeis* (*Decretales*, V, 6, 6) y del Digesto, *De Vectigalis*, ley última (*Decretales*, XXXIX, 4, 16).

Más aún, el mismo Papa dice expresamente en el mencionado capítulo que quiere que la pena de confiscación que se señala en los delitos mencionados se aplique también al caso de herejía. Y pues nadie niega que el incestuoso, el raptor, el proveedor de armas a los sarracenos y el que no paga los vectigales, continúen siendo dueños de sus bienes en el fuero de la conciencia, ¿por qué no ha de ocurrir lo mismo con el hereje? El mismo Conrado confiesa que no hay diferencia entre todos dichos casos y el de herejía. Y en verdad que sería cosa muy grave obligar a entregar sus bienes al Fisco, al hombre ya arrepentido de su herejía.

15. De esto se siguen varios corolarios.

En primer lugar, que *el hereje puede vivir lícitamente de sus bienes.*

16. En segundo lugar, se sigue también que, *por título gracioso,* haciendo donaciones, por ejemplo, *puede desprenderse de sus bienes.*

17. Y en tercero, *que por título oneroso, como, por ejemplo, vendiendo o dando en dote, no puede transferir sus bienes, si su delito puede ser perseguido en juicio.*

Esto se evidencia considerando que de otra manera, engañaría al comprador, poniéndole en el riesgo de perder la cosa y el precio al ser condenado el vendedor.

18. Por último, se infiere también que *si realmente no hubiera peligro de confiscación, puede, aun por título oneroso, enajenar sus bienes,* como, lícitamente, puede comprárselos un católico a un hereje de Alemania. Grave cosa sería que en una ciudad de luteranos no pudiera un católico comprar o vender una finca a un hereje; y, sin embargo, eso sería lo que ocurriría si el hereje no fuera verdadero dueño en el fuero de la conciencia.

19. De todo lo dicho hasta aquí, se deduce esta conclusión: *Que ni el pecado de infidelidad ni otros pecados mortales impiden que los bárbaros sean verdaderos dueños, tanto pública como privadamente, no pudiendo los cristianos ocuparles sus bienes por este título,* como con extensión y elegancia lo enseña Cayetano en *Secunda Secundae,* cuestión 66, art. 8.º

20. Pero aún queda planteada la duda de si no son dueños en razón de ser idiotas o amentes.

Acerca de esto es menester resolver primero *si para que alguien sea capaz de dominio, se requiere que tenga uso de razón.*

Conrado (lib. I, cuestión 6) formula la conclusión de que el dominio es posible en las criaturas irracionales, tanto sensibles como insensibles. Y lo quiere probar así: el dominio no es más que el derecho de usar una cosa para la propia utilidad; los brutos tienen derecho a usar de las hierbas y de las plantas (Génesis, I): *He aquí que os he dado todas las hierbas que dan simientes sobre la faz de la tierra, y todos los árboles en que hay simiente de su clase, para que os sirvan de comida a vosotros y a todos los animales de la tierra.* Además las estrellas tienen el derecho de iluminar (Génesis, I): *Las colocó en el firmamento del cielo para que alumbraran y presidieran durante el día y durante la noche.* Y el león tiene dominio sobre todos los animales que andan, por lo que se le llama el rey de los animales. Y el águila es la señora de las aves, por lo cual el Salmo 103 dice: *A las cuales servirá de guía la casa del águila.*

De la misma opinión es Silvestre, en la palabra *Dominium,* al principio, donde dice que los elementos se dominan mutuamente.

Pero yo còntesto a esto con las siguientes proposiciones:

Primera. Las criaturas irracionales no pueden tener dominio. Porque el dominio es un derecho, como reconoce el mismo Conrado, y como las criaturas irracionales no pueden tener derechos, no pueden, en consecuencia, poseer el de dominio. Se prueba la menor, porque no pueden padecer injuria, luego carecen de derechos. Y la prueba de esta afirmación está en que aquel que prohibiera al león o al lobo la caza, o al buey el pasto, no les haría ofensa, como no se la hace al sol quien cierra la ventana para que no entre su luz.

Y se corrobora; porque si los brutos tuvieran dominio, cometería hurto quien quitara al ciervo la hierba, pues que tomaría lo ajeno contra la voluntad de su dueño. Además, las fieras ni siquiera tienen dominio sobre ellas mismas; mucho menos han de poseerlo sobre las otras cosas. Y esto se prueba, porque es lícito matarlas, aun por diversión; por lo que el Filósofo (I. *Política*) dice que la caza de las fieras es justa y natural.

Además, las fieras y todos los irracionales están bajo la potestad del hombre mucho más que los siervos; luego si los siervos nada pueden tener como suyo, mucho menos han de poderlo los irracionales.

Y se confirma esta proposición con la autoridad de Santo Tomás (II, 2.ª, cuestión 1.ª, arts. 1.º y 2.º, y cuestión 6.ª, artículo 2.º, y *Contra Gentiles,* lib. III, cap. CX). Según él, únicamente las criaturas racionales tienen el dominio de sus actos, pues, como él mismo enseña en la 1.ª parte, c. 82, artículo 1.º *ad tertius,* la prueba de ser hombre consiste en ser dueño de sus actos en cuanto tiene la facultad de elegir entre éstos o aquéllos. Por donde ni nosotros somos dueños —como dice en el mismo lugar— del apetito hacia el último fin. Luego si los brutos no son dueños de sus actos, menos lo pueden ser de las demás cosas.

Y aunque sólo sea cuestión de palabras, es ciertamente expresión muy impropia y ajena al modo común de hablar, el atribuir dominio a los animales, pues no decimos jamás que nadie sea dueño, sino refiriéndonos a aquello de que puede disponer. Por esto decimos: *No está en mis facultades, no está en mi potestad,* cuando no somos dueños de la cosa de que se trata. Y los brutos, como no se gobiernan a sí mismos, sino que son movidos, como nota Santo Tomás (I, 2.ª, lugar antes citado), no tienen, por eso, dominio.

Y no es válido lo que dice Silvestre: que dominio algunas veces no significa derecho, sino fuerza, y que por esta razón el fuego tiene dominio sobre el agua. Si para el dominio bastara esto, el asesino tendría dominio para matar hombres, y el ladrón para robar el dinero, pues para ello tienen poder.

En cuanto a lo de atribuir dominio a los astros o decir que el león es rey, es evidente que estas expresiones son metafóricas y traslaticias.

21.   Pero cabe la duda de *si el niño puede tener dominio antes del uso de razón.* Pues a primera vista parece que en nada se diferencia de los irracionales. Dice el Apóstol (a los Gálatas): *Mientras el heredero es niño, en nada se diferencia del siervo.* Y como el siervo no tiene dominio, luego...

En contestación, ahí va esta *Segunda Proposición:* Los *niños antes de llegar al uso de razón, pueden ser dueños.* Y esto se desprende del hecho de que pueden padecer injuria y, por lo tanto, tienen derecho a las cosas; luego dominio, que no es otra cosa que este derecho. Además los bienes de los pupilos tienen dueños y, sin embargo, éste no es el tutor; luego lo es el mismo pupilo. Además los niños son herederos, y herederos son los que suceden en el derecho del difunto y son dueños de la herencia. (Ley *Cum haeres*, ff., *De diversis temporalibus praescriptionibus; et Inst., De haeredum, qualitate et differentia*, I, II, 19, 7, último párrafo.)

Además dijimos que el fundamento del dominio es el ser el hombre imagen de Dios, y esta imagen se halla también en los niños. Por otra parte, San Pablo en el texto citado de la Epístola a los Gálatas (4, 1), a las palabras *mientras el heredero es niño, en nada se diferencia de un siervo*, agrega *no obstante ser dueño de todo*. Y, en fin, el niño no es lo mismo que la criatura irracional, porque el niño no existe para el bien de otro, sino para el suyo propio.

22.   Mas, *¿qué decir de los insensatos o amentes?* Me refiero a los amentes perpetuos, que ni tienen ni hay esperanza de que alcancen el uso de la razón. Acerca de ellos establezcamos esta *Tercera Proposición: Parece que también pueden ser dueños los amentes*, puesto que pueden padecer injuria; luego tienen derechos. En cuanto a si pueden o no tener dominio civil, dejo el problema a la apreciación de los jurisconsultos.

23.   Defínanlo ellos como quieran, nuestra *Cuarta Proposición* será: *Tampoco la amencia ampide a los bárbaros ser verdaderos dueños*.

Se prueba considerando que en la verdad de los hechos, no son amentes, sino que tienen, a su modo, uso de razón. Es manifiesto que tienen cierto orden en sus cosas, puesto que tienen ciudades debidamente regidas, matrimonios reglamentados, magistrados, señores, leyes, artesanos, mercados, todo lo cual requiere uso de razón. Tienen también una especie de religión, y no yerran tampoco en las cosas que para los demás son evidentes. Dios y la naturaleza no les faltan en lo que es necesario para la mayor parte de la especie. Pero lo principal del hombre es la razón, y, por otra parte, inútil es la potencia que no se traduce en acto. Así estarían muchos miles de años, sin culpa suya, fuera del estado de salvación, pues habiendo nacido en el pecado y no teniendo bautismo, carecerían de razón para indagar lo necesario a su salvación. Por lo que creo que el que parezcan tan insensatos y obtusos, proviene de su mala y bárbara educación, lo que es admisible si consideramos que entre nosotros no faltan rústicos poco diferentes de los animales.

De todo lo dicho resulta que los bárbaros eran, sin duda alguna, verdaderos dueños pública y privadamente, del mismo modo que lo son los cristianos de sus bienes, y que tampoco por este título pudieron ser despojados de sus posesiones, como si no fueran verdaderos dueños, los príncipes y las personas particulares. Y grave cosa sería negarles a ellos, que nunca nos infligieron injuria alguna, lo que no negamos a los sarracenos y judíos, perpetuos enemigos de la religión cristiana, a quienes reconocemos verdadero dominio sobre sus cosas que no sean de las arrebatadas a los cristianos.

Respuesta a otro argumento contrario. Falta responder a los argumentos en contrario, uno de los cuales era el de que estos bárbaros son siervos por naturaleza, porque de poco les sirve la razón para gobernarse a sí mismos. A esto respondo que —la mente de Aristóteles, no ha sido ciertamente— los que sean de escaso ingenio sean por naturaleza siervos y no tengan dominio ni de sí ni de sus cosas. Él trataba de la servidumbre civil y legítima, porque reconoce que nadie es esclavo por naturaleza. Y en modo alguno quiso decir el Filósofo que aquellos que por su naturaleza sean de corto ingenio, puedan ser privados de sus bienes y ser vendidos. Lo que quiere enseñar es que hay quienes, por naturaleza, se hallan en la necesidad de ser gobernados y regidos por otros, siéndoles muy provechoso el estar sometidos a otros, así como a los hijos les conviene, antes de llegar a la edad adulta, estar sometidos a los padres, y a la mujer estar bajo la potestad del marido. Y que ésta es la verdadera intención del Filósofo resulta claramente de su observación paralela de que hay quienes por naturaleza son señores y dueños por su vasta inteligencia. Y es notorio que no quiere afirmar con ello que los tales puedan arrogarse el imperio sobre los demás por ser más sabios, sino porque han recibido de la naturaleza facultades para mandar y gobernar.

Y así, aun admitiendo que estos bárbaros fuesen tan ineptos y obtusos como se dice, no se inferiría de ello que deba negárseles el verdadero dominio, ni que deba incluírseles en el número de los siervos civiles. Verdad es, no obstante, que de esta razón y título puede surgir algún derecho para someterlos, como diremos más adelante.

24. Nos queda, pues, esta conclusión cierta: *Que antes de la llegada de los españoles, los indios eran verdaderos dueños, tanto pública como privadamente.*

S E G U N D A P A R T E

De los títulos no legítimos por los cuales los bárbaros del Nuevo Mundo pudieron venir a depender de los españoles

SUMARIO

1. El emperador no es señor de todo el orbe.—2. El emperador, aunque fuera amo del mundo, no podría por ello ocupar las provincias de los bárbaros, instituir nuevos señores, deponer a los antiguos e imponer tributos.—3. El Papa no es señor civil o temporal de todo el orbe, hablando de dominio y potestad civil en sentido propio.—4. El Sumo Pontífice, aunque tuviese potestad secular sobre el mundo, no podría transmitirla a los príncipes seculares.—5. El Papa tiene potestad temporal en orden a las cosas espirituales.—6. El Papa no tiene potestad temporal alguna sobre los indios bárbaros ni sobre los otro infieles.—7. Si los bárbaros no quieren reconocer dominio alguno al Papa, no por eso se les puede hacer la guerra ni ocupar sus bienes.—8. Si los bárbaros, antes de haber oído nada de la fe de Cristo, incurrieron en el pecado de infidelidad por el hecho de no creer en Cristo.—9. Qué se requiere para que la ignorancia sea pecado o ignorancia vencible y le pueda ser imputada a uno, y qué decir de la ignorancia invencible.—10. Si los bárbaros están obligados a creer al recibir el primer anuncio de la fe cristiana, de modo que pequen mortalmente no creyendo en el Evangelio de Cristo, simplemente por serles anunciado, etc.—11. Aun cuando los bárbaros no quisiesen recibir en seguida la fe, simplemente con habérseles anunciado y propuesto, no podrían los españoles por esta razón hacerles la guerra, ni emplear contra ellos el derecho de la guerra.—12. Cómo no se excusan de pecado mortal los bárbaros, si después de rogados y amonestados para que oigan pacíficamente a los que les hablan de la religión, no lo consienten.—13. Cuándo están obligados los bárbaros a recibir la fe de Cristo, bajo pena de pecado mortal.—14. No consta, según el autor, el que hasta el presente haya sido anunciada y propuesta a fe cristiana a los bárbaros, de modo que éstos estén obligados a creer bajo nuevo pecado.—15. Aunque se hubiera anunciado a los bárbaros la fe, suficientemente y con toda probabilidad,

no es lícito, porque ellos no la quieran recibir, perseguirles con la
guerra y despojarles de sus bienes.—16. Los príncipes cristianos no
pueden, ni aun con la autorización del Papa, reprimir a los bárbaros
por pecados contra la ley natural ni por causa de ellos someterlos
a castigos

Demostrado, pues, que aquellos bárbaros eran verdaderos
señores, resta ver por qué título pudieron los españoles en-
trar en posesión de ellos o de sus regiones.

En primer lugar me referiré a los títulos que pudieran
alegarse, pero que no son idóneos ni legítimos. En segundo
término expondré los títulos legítimos por los que los bárbaros pudieran caer bajo el dominio de los españoles.

Siete son los títulos no idóneos que pudieran aducirse, y
siete o quizá ocho, los legítimos y justos.

El *primer título* que se alega es que *el emperador es señor
del mundo.* Y así, admitiendo que en tiempos pretéritos
hubiera habido algún vicio (en la posesión), ya estaría pur-
gado en el César, emperador cristianísimo. Porque aun acep-
tando que tales indios sean verdaderos señores, pueden tener
otros señores superiores a ellos, como los príncipes inferiores tienen al rey, y algunos reyes al emperador, ya que sobre
la misma cosa pueden muchos tener dominio, de donde se
origina aquella trillada clasificación de los juristas: dominio
alto, bajo, directo, útil, sencillo, mixto, etc.

Se duda, pues, de si estos bárbaros tendrían señores superiores. Y como esta duda no podría referirse sino al Papa
o al emperador, nos ocuparemos de ellos.

Empecemos por éste. Se dice que el emperador es señor
del mundo y, en consecuencia, de los bárbaros. Esto se infiere del título con que comúnmente apellidan al emperador,
«Divo Maximiliano» o «Carlos siempre augusto, señor del
orbe».

Además, se dice en San Lucas (cap. II, 1); *César Augusto
promulgó un edicto para que se empadronara todo el orbe.*
Y como los emperadores cristianos no han de estar en posición inferior a la de aquél, se llega a la conclusión de que...

Además, parece que Jesús consideraba que era el César
verdadero señor de los judíos: *Pagad* —dijo— *al César lo*

que es del César, etc. (San Lucas, 20, 25). Y como no se ve que éste pudiera tener derecho sino como emperador, a percibir tributos, se infiere que...

Sobre esto, Bartolo, en la Extravagante *Ad reprimendum* que es de Enrique VII, afirma expresamente que el emperador es señor, de derecho, de todo el orbe.

Y lo mismo sostiene la Glosa en el capítulo *Per venerabilem,* título *Qui filli sint legitimi (Decretales,* IV, 17, 13). Y lo mismo, y extensamente, la Glosa en el capítulo *Venerabilem, título De electione (Decretales,* I, IV, 34). Y lo prueba, primeramente, en la c. 7, cuestión I, capítulo *In apibus,* donde Jerónimo dice que del mismo modo que entre las abejas sólo hay una reina, así en el mundo hay un solo emperador.

Además, en el Digesto *De Lege Rhodia,* Ley *Deprecatio* (capítulo XIV, 2, 9), en donde el emperador Antonino dice: *Yo, que soy ciertamente señor del mundo...*

Y en la Ley *Bene a Zenone del Código,* título *De quadrienni prescriptione* (cap. VII, 37, 3), que dice: *Se entiende que todas las cosas son del príncipe.*

Y también puede probarse así: Porque parece que, Adán primero y Noé después, fueron señores del orbe. Dice el Génesis (I, 28): *Hagamos al hombre a imagen y semejanza nuestra y domine en los peces de la mar y en las aves del cielo y en toda la tierra,* etc., y más abajo: *Creced y multiplicaos y llenad la tierra y subyugadla,* etc... Y lo mismo fue dicho en mandamiento a Noé (Génesis, cap. VIII). Pero ambos tuvieron sucesores, luego...

Además, es increíble que Dios no haya establecido en la tierra el mejor sistema de gobierno, pues como se dice en el Salmo 103: *Todo lo ha hecho el Señor sabiamente.* Y como el mejor sistema de gobierno es la monarquía, según lo explica egregiamente Santo Tomás en *De regimine principum* (lib. I, cap. II), y también Aristóteles en el tercero de la *Política,* se concluye que, por institución divina, debe haber en el orbe un emperador.

Además, las cosas que están fuera de la naturaleza, deben imitar a las naturales; y como en éstas hay siempre un solo rector —que es en el cuerpo el corazón y en el alma la razón—, del mismo modo debe haber uno solo en el orbe, como no hay más que un solo Dios.

1. *Se contesta y queda impugnado el primer título.* Pero esta opinión carece de todo fundamento. Y, por lo tanto, nuestra *primera conclusión* será la siguiente: *El emperador no es señor de todo el orbe.*

Lo que se prueba: Porque el dominio no puede existir sino en virtud del derecho natural, o del divino, o del humano. Pero por ninguno de tales derechos hay señor del orbe, luego...

Se prueba la menor primeramente, en cuanto al derecho natural, porque, como bien dice Santo Tomás (1.ª parte, cuestión 92, acerca de la objeción 2.ª, y cuestión 96, artículo 4.º), por derecho natural los hombres son libres, exceptuándose los dominios paterno y marital, porque, según el derecho natural, el padre tiene dominio sobre los hijos y el marido sobre la mujer. Por lo tanto, no hay nadie que por derecho natural tenga el dominio del orbe. Y como también dice Santo Tomás (II, 2.ª, cuestión 10, art. 10), que el dominio y el gobierno han sido introducidos por el derecho humano; luego no son de derecho natural; y no hay razón alguna para que el dominio del mundo pertenezca a los alemanes más que a los franceses.

Y Aristóteles (*Política*, I) dice que es doble la potestad: una es la familiar, como la del padre sobre los hijos y la del marido sobre la mujer, y ésta es natural.

Otra es la civil, que aunque es cierto que tiene su origen en la naturaleza (y puede, por tanto, llamársele natural, como lo hace Santo Tomás en *De regimine principum,* libro I, cap. I: *Pues que el hombre es animal civil*), también es cierto que no la establece la naturaleza, sino la ley.

Tampoco leemos que por derecho divino hubiera antes de la venida de Cristo Redentor emperadores dueños del mundo, aunque en la citada glosa de Bartolo en la Extravagante *Ad reprimendum* se cite lo que dice Daniel (II, 37 y 38), refiriéndose a Nabucodonosor: *Tú eres rey de los reyes, y el Dios del cielo te ha dado el reino, la fortaleza, la gloria y el imperio y todo lo que habitarán los hijos de los hombres.*

Pero lo cierto es que ni Nabucodonosor recibió de Dios el imperio en forma especial y de distinto modo que los demás príncipes, sino según aquello de San Pablo (Ep. a los Romanos, 13): *Toda potestad viene de Dios;* y de los *Proverbios* (cap. VIII): *Por mí los reyes reinan y sancionan los legisladores leyes justas,* ni tampoco tuvo de derecho imperio sobre todo el mundo, como cree Bartolo, puesto que los judíos no estaban de derecho sometidos a él.

Por otra parte, de esto mismo surge claramente que nadie era por derecho divino señor de todo el mundo, puesto que la nación de los judíos era libre de todo poder extranjero. Aún más, estaba prohibido por la ley que tuvieran señores extranjeros: *No podréis alzar por rey a hombre de otra nación,* dice el Deuteronomio (cap. XVII).

Y aunque Santo Tomás (*De regimine principum,* libro III, caps. IV y V) parece enseñar que Dios entregó el imperio a los romanos por su justicia y patriotismo y por sus óptimas leyes, esto no debe interpretarse entendiendo que tuvieron el imperio por entrega o institución divina, como San Agustín dice (*De civitate Dei,* cap. XVIII), sino que por divina providencia consiguieron ese imperio; mas no lo obtuvieron de Dios del mismo modo que Saúl y David recibieron sus reinos, sino de otra manera, en virtud de justas guerras o de otras razones.

Y fácilmente comprende esto quien considere por qué razones y modos de sucesión han llegado hasta nosotros los imperios y señoríos del orbe.

Así, aun prescindiendo de todo lo que ocurrió antes del diluvio, después de Noé fue dividido el orbe en diversas provincias y reinos, ya sea por orden del mismo Noé, que sobrevivió trescientos cincuenta años al diluvio y que envió colonias a diversas regiones, como se desprende de la obra de Beroso Babilónico; ya sea —y esto es más verosímil— que por consentimiento mutuo, diversas familias ocuparan diversas provincias, según aquello del Génesis (13, 9): *Y dijo Abraham a Lot: He aquí toda la tierra delante de ti; si te encaminas a la izquierda, yo tomaré la derecha; y si tú escoges la derecha, yo marcharé hacia la izquierda.*

Y por el mismo Génesis (cap. X) sabemos que las naciones y regiones fueron divididas por los descendientes de Noé y que en algunas regiones empezó el dominio por la violencia y la tiranía (como parece ocurrió en el caso de Nemrod, de quien el Génesis (cap. X) afirma que fue el primero que comenzó a ser poderoso en la tierra); y en otras por el común acuerdo de muchos que encontrándose en un lugar, se constituyeron en una república y eligieron un príncipe.

Lo cierto es que, sea de una de estas formas, o de otras no muy diferentes, principiaron los dominios y los imperios en el mundo, y que después, o por derecho hereditario, o por derecho de guerra, o por cualquier otro título, han continuado hasta nuestra edad, o al menos hasta el advenimiento del Salvador.

Lo cual demuestra, sin lugar a dudas, que nadie tuvo por derecho divino el imperio del orbe antes de la venida de Cristo, y que el emperador no puede arrogarse por este título el dominio del mundo, ni, por consiguiente, el de los bárbaros.

Pudiera alguno alegar que, después de la venida del Señor, por tradición y mandato de Cristo hubo un emperador para toda la tierra, ya que Cristo, como hombre, fue señor de todo el orbe, según aquello de San Mateo (8, 25): *A mí se ha dado toda potestad,* etc., lo cual según San Agustín y San Jerónimo se entiende en lo referente a su Humanidad. También se trae a colación aquello que le aplica el Apóstol (1.ª a los Corintios): *Todas las cosas las puso Dios bajo los pies de su Hijo.*

Prosiguen diciendo que, así como dejó en la tierra un vicario para las cosas espirituales, del mismo modo dejó un vicario en lo temporal, que es el emperador.

Y Santo Tomás (*De regimine principum,* lib. III, capítulo XIII), dice que Cristo desde su nacimiento era monarca y señor del mundo, y que Augusto era su vicario sin saberlo. Y como es claro, no era su vicario en lo espirtual, sino en lo temporal. Y pues el reino de Cristo, si fue temporal lo fue de todo el orbe, también fue Augusto señor de todo el mundo, y lo han sido y lo son sus sucesores por la misma razón.

Pero tampoco esto puede ser sostenido de ningún modo. En primer lugar, porque es dudoso si Cristo, como hombre, fue señor temporal del orbe. Lo más probable es que no, y hasta parece que el mismo Señor lo asegura en aquel pasaje: *Mi reino no es de este mundo* (San Juan, 18, 36). Conforme a ello el mismo Santo Tomás dice que el dominio de Cristo está ordenado a la salvación del alma y a los bienes espirituales, aunque no se excluyan los temporales en aquello que se relaciona con los fines espirituales.

De donde se desprende claramente que no es opinión de Santo Tomás, que el reino de Cristo tuviera la misma causa que el reino civil y temporal, sino que su parecer es que Cristo tenía omnímoda potestad, aun en las cosas temporales, para los fines de la redención, pero que quitados esos fines no tenía ninguna.

Por lo demás, aun admitiendo que Cristo fuera señor temporal, es en verdad una simple suposición el aseverar que dejó esa potestad al emperador, ya que ninguna mención de ello se hace en todas las Escrituras.

Y en cuanto a que Santo Tomás dice que Augusto era vicario de Cristo, reconozco que, ciertamente, lo expresa en el lugar citado. Pero en la tercera parte de la *Suma*, donde habla ex profeso de la potestad de Cristo, no menciona para nada esta potestad temporal del Señor.

En segundo lugar, Santo Tomás entiende que era vicario de Cristo, en cuanto que la potestad temporal es súbdita y sirvienta de la potestad espiritual. En este sentido, los reyes son ministros de los obispos, así como los artesanos están sometidos a los caballeros y militares, y, sin embargo, ni el caballero ni el militar son artesanos, lo que no obsta a que sea de su competencia el dar directivas al artesano en lo relativo a la fabricación de armas.

Y Santo Tomás, comentando un pasaje de San Juan (18, 36), dice expresamente que el reino de Cristo no es temporal, ni tal como lo entendía Pilatos, sino espiritual, como el mismo Señor lo declara en dicho lugar: *Tú dices que yo soy rey. Yo para esto he nacido y para esto he venido al mundo, para dar testimonio de la verdad.* Por lo que se evidencia que es mera ficción el decir que, por transmisión de Cristo, haya un emperador y señor del mundo.

Y esto se confirma plenamente, porque si esta transmisión existiera por derecho divino, ¿cómo se habría dividido el imperio en oriental y occidental? Se dividió primero entre los hijos de Constantino el Grande, y después por el papa Esteban, que concedió el imperio occidental a los germanos, como se dice en el referido capítulo *Per venerabilem.*

Es, pues, absurdo y revela carencia de erudición lo que la *Glosa* en este punto dice, o sea que después de esto (la cesión del papa Esteban), los griegos no fueron emperadores. Jamás los emperadores germanos pretendieron, en virtud de este título, ser señores de Grecia. Y en el Concilio Florentino, Juan Paleólogo, emperador de Constantinopla, fue tenido por legítimo emperador.

Por lo demás, el patrimonio de la Iglesia, como lo reconocen los juristas y aun el mismo Bartolo, no está sujeto al emperador. Ahora bien, si todo estuviera sujeto al emperador por derecho divino, bajo ningún título, ni siquiera el de una donación de los emperadores, podría nadie eximirse de ser súbdito del emperador, por la misma razón que el Papa no puede eximir a nadie de la potestad papal.

Además, ni el reino de España ni el de los franceses están sometidos al emperador, como se dice en dicho capítulo *Per venerabilem*, aunque la *Glosa* agregue por su cuenta que esto es de hecho y no de derecho.

También conceden los doctores que las ciudades que estuvieron alguna vez sometidas al imperio, pudieron por costumbre eximirse de él, lo que no sería posible si la sujeción procediese del derecho divino.

En lo que se refiere al derecho humano, consta que (por derecho humano positivo) el emperador no es señor del orbe. Porque eso sería sólo por la autoridad de una ley, y no hay ninguna que tal poder otorgue, y si la hubiera de nada serviría, puesto que la ley presupone la jurisdicción, y si antes de la ley el emperador no tenía jurisdicción en el orbe, tal ley no podría obligar a los no súbditos.

O podría tener tal señorío por legítima sucesión, pero por este título tampoco tuvo el emperador el dominio del orbe, como no lo tuvo, según es notorio, por donación, permuta, compra, justa guerra, elección u otro cualquier título legal.

Luego, nunca el emperador fue señor del mundo.

2. *Segunda conclusión: El emperador, aunque fuese amo del mundo, no podría por ello ocupar las provincias de los bárbaros, instituir nuevos señores, deponer a los antiguos e imponer tributos.*

Esto se prueba: Porque ni aun los que atribuyen el dominio del orbe al emperador, dicen que sea él dueño con dominio de propiedad, sino tan sólo con el de jurisdicción, el cual no se extiende hasta darle derecho para utilizar las provincias en lo que a su provecho personal convenga, ni para donar a su arbitrio plazas y también haciendas. De todo lo dicho se deduce que por este título no pueden los españoles ocupar aquellas provincias.

El segundo título que se alega (y, ciertamente, en forma muy vehemente por algunos) para justificar la posesión de aquellas provincias, es *la autoridad del Sumo Pontífice.*

El Sumo Pontífice, dicen, es el monarca de todo el orbe, aun en lo temporal, y, por consiguiente, pudo, tal como lo hizo, instituir a los reyes de los españoles, como príncipes de aquellos bárbaros y de aquellas regiones.

Con respecto a esto, opinan algunos jurisconsultos que el Papa tiene plena jurisdicción en lo temporal en todo el orbe terráqueo, y también agregan que la potestad de todos los príncipes seculares deriva de la del Papa. Así lo sostienen el Hostiense (en el capítulo *Quod super his, De voto*), el Arzobispo (3.ª parte, tít. 22, c. 5) y Agustín de Ancona. Lo mismo afirma Silvestre, que aun con mayor larguzza y condescendencia atribuye esta potestad al Papa en la palabra *Infidelitas*, 7, y en la palabra *Papa*, 7, 10 y 14, y en la

palabra *Legitimus*, 4, lugares en los que dice cosas pere-
grinas sobre este asunto, como que *la potestad del emperador y de los demás príncipes es subdelegada de la del Papa,*
y que *proviene de Dios mediante el Papa,* y que, por esto,
toda la potestad de los mismos depende del Papa, en virtud
de lo cual *Constantino donó tierras al Papa en señal de
reconocimiento del dominio temporal.* Agrega que, por el
contrario, *el Papa dio el imperio a Constantino en usufructo
y como premio.*

Y aún más, pues dice que *Constantino nada donó sino
que devolvió lo que al Papa le había sido quitado,* y que
*si el Papa no ejerce jurisdicción temporal fuera del patri-
monio de la Iglesia, no es porque le falte autoridad, sino
para evitar el escándalo de los judíos y conservar la paz;* y
así sigue soltando muchas otras vaciedades y absurdos.

Toda la argumentación de éstos se basa en los pasajes
siguientes: *Del Señor es la tierra y cuanto ella contiene*
(Salmo 23, 1) y *Me ha sido dada toda potestad en el cielo
y en la tierra* (San Mateo, 28). Y continúan: el Papa es el
vicario de Dios y de Cristo. Y *Cristo se hizo por nosotros
obediente hasta la muerte,* etc. (Ep. a los Efesios, 2). De
esta opinión parece ser Bartolo en la Extravagante *Ad Reprimendum,* y también Santo Tomás, que parece la apoya
al fin del segundo libro de las *Sentencias,* cuyas últimas
palabras, respondiendo al cuarto argumento, que es el pos-
trero de todo el libro, son que el Papa tiene la raíz de las
dos potestades, o sea de la secular y la espiritual. De la
misma opinión es Herveo *(De potestate Ecclesiae).*

Establecidas estas bases, dicen los defensores de esta doctrina lo siguiente:

Primero: que el Papa pudo instituir a los reyes de España
como príncipes de los bárbaros, en razón de ser supremo
señor temporal. Y segundo: que aun suponiendo que esto no
pudiera ser, por negarse los bárbaros a reconocer el poder
temporal del Papa, éste, por tal motivo, puede declararles
la guerra e imponerles príncipes.

Y ambas cosas han sucedido, pues primeramente el Sumo
Pontífice concedió aquellas provincias a los reyes de España

Y luego se les notificó y significó a tales bárbaros que el Papa es el vicario de Dios y que hace sus veces en la tierra y que, por lo tanto, debían reconocerlo como a su superior. Y, por consiguiente, en el caso de que ellos se rehusasen a esto, ya habría justo título para hacerles la guerra y ocupar sus provincias, etc. Lo segundo lo enseña el Hostiense en el lugar ya citado, y también la *Summa angelica*.

3. Como ya he tratado minuciosamente del dominio temporal del Papa, en la Relección sobre la Potestad Eclesiástica, responderé aquí en forma breve por varias proposiciones.

Primera: El Papa no es señor civil o temporal de todo el orbe, hablando de dominio y potestad civil en sentido propio. Ésta es la conclusión de Torquemada (lib. II, capítulo CXIII), de Juan Andrés y de Hugo (69, dist. al canon *Cum ad verum*). Y el doctísimo Inocencio, en el mencionado capítulo *Per venerabilem,* confiesa no tener potestad temporal sobre el reino de Francia. Y este mismo parece ser el sentir de Bernardo, en el segundo libro *De consideratione,* dirigido a Eugenio.

La doctrina opuesta a la nuestra está contra el precepto del Señor, que dijo: *Sabéis que los príncipes de los gentiles avasallan a sus pueblos, mas entre vosotros no será así* (San Mateo, 20, y San Lucas, 22). Y contra el precepto del Apóstol: *¿Cómo queréis tener señorío sobre el clero o la heredad del Señor, sino siendo verdaderamente dechados del rebaño?* (San Pedro, cap. último).

Y si Cristo no tuvo el dominio temporal, lo que hemos admitido antes como la doctrina más probable, en conformidad con Santo Tomás, mucho menos ha de tenerlo el Papa, que es su vicario.

Estos autores quieren atribuir al Papa un dominio que nunca reclamó y cuya existencia ha sido negada en muchos lugares por el mismo Papa, como queda dicho en la Relección citada.

Y se prueba la tesis suficientemente, del mismo modo que hemos empleado antes para el emperador, porque no le puede corresponder el dominio si no es por derecho natural, o por derecho divino, o por derecho humano.

Es cierto que no puede ser por el derecho natural ni por el humano, y no consta en ninguna parte que sea por derecho divino. Luego esta tesis se sostiene arbitrariamente y sin fundamento. Y lo que el Señor dijo a Pedro: *Apacienta mis ovejas,* bien claro manifiesta que se trata de la potestad espiritual y no de la temporal.

Claramente se evidencia que el Papa no es señor de todo el orbe. Porque el mismo Señor dijo que al fin de los siglos se *hará un solo rebaño y un solo pastor,* con lo que se demuestra que al presente no pertenecen todas las ovejas a un solo rebaño.

Además, admitiendo que Cristo tuviera esa potestad, consta que no la ha comunicado al Papa. Y esto es evidente, porque el Papa es Vicario de Cristo tanto en las cosas espirituales como en las temporales. Ahora bien, como el Papa no tiene jurisdicción espiritual sobre los infieles, según confiesan los mismos adversarios, y resulta de la sentencia expresa del Apóstol: *¿Qué tengo yo que juzgar de aquellas cosas que están fuera de la Iglesia?* (1.ª Ep. a los Corintios), menos puede tener tal jurisdicción en las cosas temporales.

En verdad que carece de valor el argumento de quienes dicen: *Cristo tuvo potestad temporal en todo el orbe; luego, el Papa la tiene.* Porque Cristo tuvo sin duda potestad espiritual en todo el orbe, lo mismo sobre los fieles que los infieles, y pudo edictar leyes que obligasen en todo el mundo, como hizo con la del bautismo y con los demás artículos de la fe; y, sin embargo, el Papa no tiene tal potestad sobre los infieles, ni los puede excomulgar, ni prohibirles los casamientos en grados permitidos por el derecho divino; por lo tanto...

Además, porque tampoco, según los doctores, Cristo comunicó a los apóstoles su potestad de supremacía; por esto nada vale la consecuencia: Cristo tuvo poder temporal en el orbe, luego también ha de tenerlo el Papa.

4. SEGUNDA PROPOSICIÓN.—*El Sumo Pontífice, aunque*

*tuviese potestad secular sobre el mundo, no podría trans-
mitirla a los príncipes seculares.*

Esto es evidente, porque tal potestad sería aneja al Pa-
pado, y no podría el Papa separarla del cargo del Sumo
Pontífice, ni podría privar a su sucesor de aquella potestad,
porque no puede ser un Sumo Pontífice inferior a su pre-
decesor. Así, si un Pontífice cediese esta potestad, o tal
entrega sería nula o el siguiente Pontífice la podría retirar.

5. TERCERA PROPOSICIÓN.—*El Papa tiene potestad temporal en orden a las cosas espirituales, esto es, en lo que
sea necesario para administrar las cosas espirituales.* Ésta
es la doctrina de Torquemada (lugar cit., cap. CXIV) y de
todos los doctores. Y la prueba de ello está en que el arte
o ciencia a quien corresponde un fin superior es imperativa
y preceptiva con respecto a las artes o ciencias que se ocupan de los fines inferiores, como se indica en el primero de
los *Éticos.* Y puesto que el fin de la potestad espiritual es la
felicidad final y, en cambio, el fin de la potestad civil es
la felicidad social; luego la potestad temporal está sujeta a
la espiritual. Este razonamiento emplea Inocencio en el capítulo *Solicitae (De maioritate et obedientia).*

Y se confirma por el hecho de que aquel a quien se le ha
cometido un cargo, se entiende que se le ha concedido todo
lo que para su desempeño es necesario (*De officio dele-
gati,* cap. I). Ahora bien, el Papa por mandato de Cristo
es Pastor Espiritual, oficio que se pudiera impedir por la
potestad civil, pero, como ni Dios ni la naturaleza pueden
faltar en las cosas necesarias, indudablemente le fue conce-
dida al Papa potestad temporal en todo aquello que sea
necesario para administrar lo espiritual.

Por esta razón puede el Papa infringir las leyes civiles
que fomentan el pecado, tal como hizo con las leyes acerca
de la prescripción por mala fe, según puede verse en *De
prescriptionibus,* capítulo último.

Y por lo mismo, cuando los príncipes se hallan discordes
con respecto a los derechos de sus soberanías y en peligro
inminente de guerra, puede el Papa examinar el derecho de
las partes y sentenciar; y los príncipes están obligados a

aceptar la sentencia, para evitar tantos males espirituales como necesariamente se originan en las guerras entre príncipes cristianos.

Y si el Papa no hace esto, o no lo hace frecuentemente, no es porque no pueda, como dice Durando, sino porque teme el escándalo, y en el recelo de que crean los príncipes que le mueve la ambición; o quizá por evitar la rebeldía de los príncipes contra la Sede Apostólica. Y por esta misma razón pueden también los Papas deponer en ocasiones a los reyes y nombrar otros, como ya ha sucedido. Y por cierto que ningún cristiano verdadero deberá negar esta potestad al Papa. Así lo afirman Palude y Durando (*De Potestate Ecclesiae*) y Enrique Gandavense (*Quodlibetorum*, 6, artículo 23). En este sentido deben entenderse los derechos a una y otra espada atribuidos al Papa, que son muchos, como dicen los doctores más antiguos, y asimismo Santo Tomás en el primero de las *Sentencias*, ya citado.

Aún más; yo no tengo dudas de que los obispos también tienen, de este modo, autoridad temporal en su obispado, por idéntica razón que el Papa en todo el orbe. Por lo cual, mal dicen y peor obran los príncipes y magistrados que pugnan por impedir a los obispos el castigar a los seglares por sus pecados con penas pecuniarias, o con el destierro o con otras penas temporales, porque esto no está fuera de su potestad mientras no lo hagan por avaricia y lucro, sino por necesidad y conveniencia de las cosas espirituales.

Y de esto precisamente resulta un nuevo argumento en favor de la conclusión primera; porque si el Papa fuera señor de todo el orbe, también los obispos serían señores temporales en su obispado, puesto que ellos son Vicarios de Cristo. Pero esta consecuencia la niegan hasta nuestros mismos opositores.

6. CUARTA CONCLUSIÓN.—*El Papa no tiene potestad temporal alguna sobre los indios bárbaros ni sobre los otros infieles.* Esto se deduce claramente de la primera y de la tercera conclusión. Porque no tiene potestad temporal sino en orden a lo espiritual, y como no tiene potestad espiritual

sobre los indios, como resulta de la 1.ª Epístola a los Corintios, tampoco puede tenerla temporal.

7. De lo que se sigue el siguiente corolario: *aunque los bárbaros no quieran reconocer dominio alguno al Papa, no por eso se les puede hacer la guerra ni ocupar sus bienes.* Es evidente que tal dominio no existe. Y se prueba esto claramente. Pues, como se dirá luego y confiesan los adversarios, dado el caso de que los bárbaros no quieran admitir a Cristo como a su Señor, no se puede por ello declararles la guerra ni causarles la menor molestia. Nada, pues, más absurdo, por lo que esos mismos enseñan, que admitir que pudiendo impunemente los bárbaros rechazar el dominio de Cristo, estén, sin embargo, obligados a acatar el dominio de su vicario, so pena de sufrir la guerra, de ser despojados de sus bienes y hasta condenados a suplicios.

Y se confirma nuevamente porque, según estos autores, la causa por la cual no puede obligárseles a aceptar a Cristo o a su fe estriba en que ésta no se puede demostrar evidentemente con razones naturales. Pero como mucho menos se puede probar el dominio del Papa, tampoco pueden ser obligados a reconocerlo.

El mismo Silvestre, aunque habla extensamente de la potestad del Papa, lo sostiene en forma expresa en la palabra *Infidelis* (7.º), contra el Hostiense, y dice que no se puede obligar por la guerra a reconocer ese dominio a los infieles, y que por este título no pueden ser despojados de sus bienes. Y así lo sustenta Inocencio en dicho capítulo II, *Quod super his (De voto).* Y no hay duda de que ésta es la opinión de Santo Tomás en la *Secunda Secundae* (cuestión 66, artículo 8.º, objeción 2.ª), y también de Cayetano, quien al comentar este pasaje expresa que no se puede despojar de sus bienes a los infieles, sino en el caso de que sean súbditos de los príncipes seculares cristianos y siempre que sea por causas legítimas, aplicables también a los demás súbditos.

Aún más: nunca los sarracenos que entre cristianos viven han sido, por la razón que aquí se alega, privados de sus bienes ni molestados en cosa alguna. Y, sin embargo, sos-

tener que por este título es lícito hacerles la guerra es lo
mismo que decir que pueden ser despojados por razón de
infidelidad. Es bien cierto que ningún infiel reconoce el dominio de que hablamos, y no obstante, ningún doctor (ni
siquiera entre los que figuran como adversarios a nuestra
tesis), sostiene que por el solo título de infidelidad se pueda
despojar a nadie. Luego es completamente sofístico lo que
esos doctores afirman, esto es: que si los infieles reconocen
el dominio del Romano Pontífice, no se les puede hacer la
guerra, pero sí si no lo reconocen. ¡En realidad, ninguno
lo reconoce!

De todo lo cual resulta claramente que tampoco este título es veledero contra el derecho de los bárbaros, y que
los cristianos no tienen por él causa justa para declararles
la guerra, tanto si se fundan en que el Papa donó como
señor absoluto aquellas provincias, como si quieren basarse
en que dichos bárbaros se niegan a reconocer el dominio
del Papa. De esta opinión es Cayetano, que la defiende extensamente en la *Secunda Secundae,* cuestión 66, art. 8.ª, a
la objeción 2.ª Y no debemos impresionarnos mucho por la
autoridad de los canonistas adversarios, porque (como ya
lo hemos dicho) estas cosas deben tratarse por el derecho
divino. Además de que muchos y los de más saber sostienen
lo contrario, entre los cuales puede citarse a Juan Andrés,
que no tiene un solo pasaje favorable a la tesis de ellos.
Y no hay que aceptar, en este caso, la grave autoridad del
arzobispo de Florencia, pues no hizo más que seguir a
Agustín de Ancona, tal como suele seguir a los canonistas
en otros lugares. Por todo lo dicho es evidente que los primeros españoles que navegaron hacia las tierras de los bárbaros no llevaban consigo título alguno para ocuparles sus
provincias.

Por esto se ha alegado otro título: *el derecho de descu-
brimiento.* Al principio no se aducía otro, y con sólo él
navegó el genovés Colón. Se considera que este título es
idóneo, porque los lugares que están desiertos son, por
el derecho natural y de gentes, del que los ocupa, según la
Instituta, *De rerum divisione, Ferae Bestiae.* Y como los es-

pañoles fueron los primeros que descubrieron y ocuparon aquellas provincias, síguese que las poseen legítimamente, lo mismo que si hubiesen descubierto una soledad deshabitada hasta entonces.

Para discutir este título, que es el tercero, no es necesario gastar muchas palabras, puesto que antes hemos probado que dichos bárbaros eran entonces verdaderos dueños, tanto pública como privadamente. Es de derecho de gentes que se concedan al ocupante las cosas que no son de nadie, como se dice expresamente en el referido párrafo *Ferae Bestiae;* pero como aquellos bienes no carecían de dueño, no pueden ser comprendidos por este título. Y aunque este título, combinado con otro, puede tener algún valor, como luego diremos, por sí solo no justifica la posesión de los españoles, del mismo modo que no podría fundar la de los bárbaros en el territorio español, si ellos nos hubieran descubierto a nosotros.

Y por esto un *cuarto título* se alega, a saber: *que aquellos bárbaros no quieren recibir la fe de Cristo, no obstante habérselo propuesto y habérseles exhortado para que la reciban,* de lo cual se infiere que por este motivo es legítima la ocupación de sus tierras. Primeramente, porque los bárbaros están obligados a recibir la fe de Cristo, pues *el que creyere y fuere bautizado se salvará; pero el que no creyere se condenará* (San Marcos, 16, 16). Y nadie se condena sino por pecado mortal. Y dicen las Actas de los Apóstoles (4, 12): *No se ha dado a los hombres otro nombre por el cual debamos salvarnos.* Y como el Papa es el principal ministro de Cristo, al menos en lo espiritual, resulta que, por la autoridad del Papa, pueden dichos bárbaros ser obligados a recibir la fe de Cristo, y si, requeridos, no quisieran recibirla, se puede proceder contra ellos por el derecho de la guerra.

Aún más: consideran que los príncipes pueden también hacer esto por su autoridad propia, puesto que son también *ministros de Dios y vengadores para castigar al que obra mal* (Ep. a los Romanos, 13, 4.)

Ahora bien, los bárbaros obran pésimamente al no recibir la fe de Cristo; luego, pueden ser obligados a ello por los príncipes cristianos. En segundo lugar, porque si los franceses no quieren obedecer a su rey, puede el rey de España obligarles a que lo hagan. Y, como no parece que ha de estar en peor condición la causa de Dios que la de los hombres, se concluye que si los bárbaros no quieren obedecer a Dios, que es el verdadero y supremo Señor, pueden los príncipes forzarlos a ello.

Y esto se confirma, porque, según dice Escoto en el libro IV, distinción 4.ª, cuestión 9.ª, tratando del bautismo de los niños de los infieles, las personas deben ser mayormente obligadas a obedecer a un señor superior que a un inferior. Luego, si se puede forzar a los bárbaros a obedecer a sus príncipes, con mayor razón se les podrá obligar a que obedezcan a Cristo y a Dios.

En tercer lugar, porque si blasfemaren públicamente de Cristo, se les podría obligar por medio de la guerra a que desistieran de sus blasfemias, según lo afirman los doctores, y es verdad. Podríamos, en efecto, hacerles la guerra si utilizaran el crucifijo para hacer burla de él, o afrentaran de cualquier modo que fuera las cosas de los cristianos en pública mofa, parodiando, por ejemplo, los sacramentos de la Iglesia u otras cosas sagradas semejantes.

Lo cual está claro también. Porque si infligieran injurias a un rey cristiano, aunque ya estuviese muerto, tendríamos derecho a vengar la injuria; luego con mayor razón si el injuriado fuese Cristo, que es Rey y Señor de los cristianos. En esto no es posible dudar, ya que si Cristo viviera entre los mortales, y los paganos le ofendiesen, no hay duda que podríamos vengar tal injuria con las armas. Luego, también podemos hacerlo ahora.

Pero es mayor pecado la infidelidad que la blasfemia, porque, como dice y prueba Santo Tomás en la *Secunda Secundae* (cuestión 1.ª, art. 3.º), la infidelidad es el más grave de los pecados comprendidos en las perversas costumbres de los hombres, pues se opone directamente a la fe, mientras que la blasfemia no va directamente contra la fe, sino contra su confesión. Además, porque la infidelidad destruye la raíz de la conversión a Dios, que es la fe, y tal no hace la blasfemia. Ahora bien, si por blasfemar de Cristo pueden los cristianos hacer la guerra a los infieles, mayormente podrán hacérsela por la infidelidad misma. Confirma que la blasfemia no es pecado tan grande como la infidelidad, el que las leyes civiles condenen al cristiano a pena capital por la infidelidad y no por la blasfemia.

8. Para responder establezcamos así nuestra primera proposición: *Los bárbaros, antes de tener noticia alguna de la fe de Cristo, no cometían pecado de infidelidad por no creer en Cristo.* Esta proposición está literalmente en Santo Tomás (*Secunda Secundae,* cuestión 10, art. 1.°), donde dice que en aquellos que nada oyeron de Cristo la infidelidad no tiene por causa el pecado, sino que es motivada en la pena, pues tal ignorancia de las cosas divinas proviene del pecado de los primeros padres. *Porque* —dice— *los que son de este modo infieles se condenan por otros pecados, pero no por el de infidelidad.* Por esto dice el Señor en San Juan (15, 22): *Si yo no hubiera venido y no les hubiera hablado, no tendrían culpa de no haber creído en mí.* Y exponiendo este pasaje, dice San Agustín que se trata aquí del pecado de los que no creyeron en Cristo. Y lo mismo parece afirmar Santo Tomás en la *Secunda Secundae,* cuestión 10, art. 6.°, y cuestión 34, art. 2.° *ad secundum.*

Esta proposición está en contra del parecer de muchos doctores y especialmente contra el de Altisiodoro (3.ª parte en la cuestión de *si la fe puede padecer error*), que dice que nadie puede tener ignorancia invencible, no sólo de Cristo, sino de cualquier artículo de la fe; porque si hace lo que está de su parte, el Señor le iluminará, ya por medio del Doctor intrínseco (la conciencia), ya por otro exterior, de lo cual resulta que siempre es pecado mortal creer algo contrario a los artículos de la fe. Y pone por ejemplo el de una anciana a la cual un obispo le predicare algo en contra de los artículos de la fe. Y establece como principio general que a nadie puede excusar la ignorancia del derecho divino. De la misma opinión fue Guillermo de París, que argumenta del mismo modo: el que hace todo lo que está de su parte, será iluminado; el que no lo hace, no será excusado.

De igual parecer es Gerson (*De spirituali vita animae,* lección 4) quien dice: *Los doctores están de acuerdo en sostener que en aquello que es de derecho divino no cabe ignorancia invencible, pues al que hace cuanto está de su parte, Dios siempre le asiste, pronto a ilustrar su mente para lo que sea necesario a la salvación y a la disipación del error.* Y Hugo de San Víctor (lib. II, parte 9.ª, cap. V) dice que a nadie excusa la ignorancia del precepto de recibir el bautismo, porque si no pone obstáculo con su culpa, podrá oír y saber lo necesario, como se demuestra por el ejemplo de Cornelio (Actas de los Apóstoles, 10).

Adriano limita estas doctrinas y opiniones en sus *Quodlibeta,* cuestión 4.ª, diciendo: *En las cosas que pertenecen al derecho divino deben distinguirse dos clases: Unas hay, a cuyo conocimiento Dios no obliga universalmente a todos los hombres. Tales son las sutilezas del derecho divino y las dificultades acerca del mismo derecho o de la Escritura Sagrada y los preceptos. En lo que toca a ellas se puede estar en ignorancia invencible, aunque se ponga de su parte todo lo que está en sí. Hay otras, en cambio, a cuyo conocimiento Dios obliga generalmente a todos, y son los artículos de la fe y los preceptos universales de la ley. Con respecto a ellas es verdad lo que los doctores afirman que nadie puede excusarse por ignorancia. Porque al que haga lo que esté de su parte, Dios le iluminará mediante el Doctor interior o uno exterior.*

Mas, a pesar de todo esto, nuestra conclusión se deduce expresamente de Santo Tomás. Lo probaremos. Los que nunca oyeron hablar de la fe, por muy pecadores que sean por otros conceptos, ignoran invenciblemente, y tal ignorancia no es pecado.

Lo que antecede es claro por aquello que dice la Epístola a los Romanos (10): *¿Cómo creerán si no han visto, y cómo oirán sin haber quien les predique?*

Luego, aquellos a quienes no se les ha predicado la fe, ignoran invenciblemente, porque no pueden conocerla.

Y Pablo no condena a los infieles porque no hacen lo que está de su parte para que Dios los ilumine, sino porque habiendo oído no creyeron. *¿Acaso* —dice— *no han oído? ¡Si ciertamente su voz ha resonado en toda la tierra!* Por esto los condena, porque en toda la tierra fue predicado el Evangelio, y no por otra razón, por más que tuvieran otros muchos pecados.

Por donde se ve que también se engaña Adriano en otro punto respecto a la ignorancia. En efecto, dice en el mismo *Quodlibeta* que *en materias de moral no basta que un hombre ponga toda la industria y diligencia de que es capaz, para enterarse de lo que puede y debe hacer, sino que para excusar su ignorancia es preciso que por la contricción de sus pecados se disponga a ser iluminado por Dios.* De modo que si alguno que dudara de la licitud de un contrato, consultara a los varones doctos y trabajara por otros medios para averiguar la verdad, y al fin llegara a convencerse de que el contrato era lícito y lo hiciera, ese tal no se excusaría por ignorancia, si el contrato fuese ilícito y él estuviera en pecado, porque no habría hecho todo lo que estaba de su parte para vencer la ignorancia. Y aun si se dispone a recibir la gracia y no es iluminado, tampoco se excusa, mientras no suprima el impedimento, es decir, el pecado. Así, pues, si del mismo caso y contrato tienen dudas a la vez Pedro y Juan, y hacen iguales diligencias humanas para enterarse de su licitud, y ambos se convencen de que es lícito y lo ejecutan, estando Juan en pecado y Pedro en gracia, la ignorancia de Pedro es invencible y la de Juan vencible. Por lo que si los dos efectúan el contrato, Juan no se excusa y Pedro sí.

En esto se engaña Adriano, como lo he demostrado ampliamente en la *Prima Secundae,* al tratar de la ignorancia. Es estupendo el afirmar que en ninguna materia del derecho divino pueden tener ignorancia invencible los infieles, y aun aquellos que se hallan en pecado mortal. Pues de ello se seguiría que en el ejemplo propuesto, aquel Pedro que estaba en gracia e ignoraba invenciblemente alguna cosa acerca de la usura o de la simonía, mudaría tal ignorancia en vencible, por el solo hecho de caer en pecado mortal. Lo que es absurdo.

9. Por lo que yo digo que *para que la ignorancia pueda imputarse a alguno y sea pecado o vencible, se requiere que haya negligencia en la materia, es decir, que no se quiera escuchar o no se quiera creer después de haber oído hablar de ella. Mientras que, por el contrario, para que exista ignorancia invencible basta que se haya empleado la diligencia humana necesaria para enterarse, aunque, por otros motivos, se esté en pecado mortal.*

En cuanto a esto, el mismo juicio merece el que está en pecado mortal que el que esté en gracia, lo mismo ahora que inmediatamente después de la venida de Cristo o de su pasión. No puede negar Adriano que poco después de la pasión de Cristo, los judíos que estaban en la India o en España, ignoraban invenciblemente la pasión del Señor, aunque estuviesen en pecado mortal, como él mismo expresamente lo confiesa (primera cuestión a la cuarta) en el tratado de la *Observancia de las cosas legales*. Porque es cierto que los judíos ausentes a la sazón de Judea, estaban en ignorancia invencible, tanto con respecto al bautismo como a la fe de Cristo. Luego, lo mismo que entonces se podía padecer ignorancia invencible acerca de todo esto, pueden padecerla hoy aquellos a los cuales no se les haya anunciado jamás el bautismo.

El engaño de estos autores proviene de su creencia de que si aceptamos que puede darse ignorancia invencible respecto del bautismo o de la fe en Cristo, se llega a la conclusión inevitable de que sin el bautismo o sin la fe en Cristo es posible la salvación. Mas lo cierto es que los bárbaros a quienes aún no ha llegado la nueva de la fe o de la religión cristiana, se condenarán por otros pecados mortales o por la idolatría, pero no por el pecado de infidelidad, pues, como dice Santo Tomás *(Secunda Secundae, ubi supra)*, si hacen lo que está de su parte, viviendo bien según la ley de natural, Dios proveerá y los iluminará acerca del nombre de Cristo. No se sigue, sin embargo, que si viven mal, se les impute además como pecado la infidelidad o ignorancia acerca del bautismo y de la fe cristiana.

10. *Segunda proposición.—Los bárbaros no están obligados a creer en la fe de Cristo, al primer anuncio que se les haga de ella, de modo que pequen mortalmente por no creer lo que simplemente se les anuncie y proponga diciéndoles que la verdadera fe es la cristiana y que Cristo es Salvador y Redentor del mundo, sin que acompañen milagros o cualquiera otra prueba o medio de convencimiento.*

Se prueba esta conclusión por la primera. Pues si estaban excusados antes de haber oído algo de la religión, no pueden dejar de estarlo por la mera propuesta y anuncio. Tal propuesta no constituye razón para creer; antes bien, como dice Cayetano en la *Secunda Secundae*, cuestión 1.ª, art. 4.º, *imprudente y temerario sería quien creyera algo, sobre todo tratándose de lo que pertenece a la salvación, si no le constara que quien se lo afirma es persona digna de toda fe.* Que es el caso de los bárbaros, pues no saben quiénes y cómo son los que les predican esa nueva religión. Y se confirma esto por la consideración de que, como dice Santo Tomás *(Secunda Secundae, cuestión 1.ª, art. 4.º ad secundum y art. 5.º ad primum), las cosas referentes a la fe solamente son conocidas y evidentes bajo la razón de creíbles, pues los fieles no creerían si no vieran que deben ser creídas por la evidencia de las señales, o por otro motivo semejante.* Luego, no tienen los bárbaros obligación de creer donde no existan tales señales u otros hechos semejantes que les persuadan.

Y esto queda confirmado considerando que si los sarracenos hubieran propuesto su secta a los bárbaros al mismo tiempo que los cristianos, no estarían los bárbaros obligados a creerles, como tampoco a los cristianos que propongan la fe sin algunas razones y motivos persuasorios. Porque no pueden ni están obligados a adivinar qué religión es más verdadera si no se presentan motivos de mayor probabilidad por una de las dos partes. Lo contrario sería creer con demasiada prisa, cosa propia de los corazones livianos, según dice el *Eclesiástico* (cap. XIX), y ratifica aquel pasaje de San Juan (15): *Si yo no hubiera hecho señales* etc., *no tendrían culpa.* Luego, donde no se hicieron señales ni se ofrecieron motivos, no puede haber pecado.

11.   De esta proposición se infiere que *si la fe se ha propuesto a los bárbaros del dicho modo y no la aceptan, los españoles no pueden hacerles la guerra por tal razón, ni obrar contra ellos por derecho de guerra.*

Es notorio, pues, que en cuanto a esto son inocentes, y que ninguna injuria hicieron a los españoles.

Queda confirmado este corolario por lo que dice Santo Tomás (*Secunda Secundae, cuestión* 40, art. 1.°), que para que exista una guerra justa es indispensable que haya una causa justa, es decir, que los que son atacados hayan merecido el ataque por alguna culpa. Respecto a lo cual dice San Agustín en el libro XXXIII de las *Questiones: Las guerras justas suelen ser definidas como las que vengan las injurias, como ocurre cuando la nación o ciudad que ha de ser combatida ha descuidado castigar lo que malvadamente han hecho los suyos o restituir lo injustamente arrebatado.* Luego, si ninguna injuria de los bárbaros precedió, ninguna causa hay de guerra justa. Y esto es sentencia común de todos los doctores, no solamente de los teólogos, sino también de los jurisconsultos, como el Hostiense, Inocencio y otros. Cayetano la expone en la *Secunda Secundae* (cuestión 68, art. 8.°), y no conozco doctor alguno que opine lo contrario. Por lo tanto, no es este título legítimo para ocupar las provincias de los bárbaros ni para despojar a sus antiguos señores.

12.   TERCERA PROPOSICIÓN.—*Si habiéndose rogado y amonestado a los bárbaros para que oigan pacíficamente a los predicadores de la religión, no quisieran escucharlos, no pueden ser excusados de pecado mortal.*

Lo probaremos. Siendo supuesto cierto que ellos tienen gravísimos errores, para profesar los cuales no tienen razones probables o verosímiles, están obligados, si alguien les exhorta a que escuchen y reflexionen sobre las cosas referentes a la religión, a oír y consultar por lo menos.

Además, les es necesario para salvarse creer en Cristo y bautizarse. San Marcos, en el último capítulo: *El que creyere* etc. Pero como no pueden creer si no oyen (Ep. a los Romanos, 10), luego, están obligados a oír, porque si no lo estuvieran se encontrarían fuera del estado de salvación sin culpa suya.

13. CUARTA PROPOSICIÓN.—*Si la fe cristiana es propuesta a los bárbaros, demostrándosela, esto es, con argumentos probables y racionales con el ejemplo en los exhortantes de una vida digna y cuidadosamente conforme con la ley natural (lo cual es grande argumento para confirmar la verdad), y esto, no sólo una vez y apresuradamente, sino con diligencia y esmero, los bárbaros están obligados a recibir la fe de Cristo, bajo pena de pecado mortal.*

Se prueba por la tercera conclusión. Porque si están obligados a oír, lo están aún más a asentir a lo que oyen, si es racional. Lo que resulta manifiesto de que lo que dice el último capítulo de San Marcos: *Id por todo el mundo y predicad el Evangelio a toda criatura. El que creyere y fuere bautizado será salvo, pero el que no creyere se condenará.* Y por aquello de los *Hechos* (4): *No ha sido dado a los hombres otro nombre por el cual debamos salvarnos.*

14. QUINTA PROPOSICIÓN.—*No me consta el que la fe cristiana haya sido hasta el presente propuesta y anunciada a los bárbaros en la forma antedicha, de modo que estén obligados a creerla bajo pena de pecado.*

Digo esto porque, como se infiere de la segunda proposición, no están obligados a creer si la fe no se les propone con motivos probables de persuasión. Pues bien, yo no he oído hablar de milagros ni de otras señales, ni tampoco de religiosos ejemplos de vida: antes, por el contrario, tengo noticias de muchos escándalos, de hechos inhumanos y de actos de impiedad perpetrados en esas regiones. No se ve, en consecuencia, que les haya sido predicada la religión de Cristo lo bastante piadosa y convenientemente para que estén obligados a asentir. Pues si bien es cierto que muchos religiosos y eclesiásticos varones, con su vida y ejemplos y diligente predicación hubieran consagrado a esta tarea el

trabajo e industria necesarios, no pudieron **hacerlo, estor-**
bados por otros cuyos intereses son muy **ajenos a eso.**

15. SEXTA PROPOSICIÓN.—*Aunque la fe haya sido anun-*
ciada a los bárbaros de un modo racional y suficiente, y
éstos no la hayan querido recibir, no es lícito, sin embargo,
por esta razón, hacerles la guerra ni despojarlos de sus
bienes.

Esta conclusión está expresamente en Santo Tomás (*Se-*
cunda Secundae, cuestión 10, art. 8.º), donde dice que a los
infieles que nunca recibieron la fe, como los gentiles y
judíos, de ningún modo puede forzárseles a recibirla. Esta
tesis es común de todos los doctores, tanto de los de derecho
canónico como de los de derecho civil.

Se prueba; porque el creer pertenece a la voluntad, que
es viciada o disminuida por el temor (Aristóteles, lib. III de
los *Éticos*), siendo sacrílego llegar a los Sacramentos y Mis-
terios de Cristo sólo por temor servil.

Además, se prueba por el capítulo *De Judaeis,* distinción 45, que dice: *Acerca de los judíos ordenó el Santo*
Sínodo que a ninguno en adelante se le hiciera violencia,
pues Dios hace misericordia con quien le place y a quien
quiere endurece.

No hay duda alguna que esta sentencia del Concilio To-
ledano trata de impedir que se empleen amenazas y terrores
para obligar a los judíos a recibir la fe.

Lo mismo dice en forma expresa Gregorio, en el capítulo
Qui sincera, en la misma distinción: *Los que con sincera*
intención —afirma— *deseen atraer a la fe perfecta a los*
extraños a la religión cristiana, deben hacerlo blandamente
y no con aspereza; porque los que obran de otra forma, y
bajo este velo quieren apartarlos de las acostumbradas prác-
ticas de su rito, demuestran que, más que a la causa de Dios,
atienden a su propia causa.

Se prueba además nuestra proposición, por el uso y costumbre de la Iglesia. Nunca emperadores cristianos, que a
santísimos y sapientísimos Pontífices han tenido por consejeros, hicieron la guerra a los infieles porque se negaran a
recibir la religión cristiana.

Además, la guerra en sí no constituye argumento en favor de la verdad de la fe cristiana. Luego, por la guerra los bárbaros no pueden ser inclinados a creer, sino a fingir que creen y que abrazan la fe cristiana, lo cual es cruel y sacrílego. Y aunque Escoto (*Sent.*, 4, dist. 4, cuestión última) dice que obrarían religiosamente los príncipes que obligaran a los infieles a recibir la fe por la amenaza y el terror, parece que no se refiere sino a los infieles que, por otra razón, *son ya súbditos de los príncipes cristianos, de los cuales hablaremos luego*.

Los bárbaros de que tratamos no están en tal situación, por lo que pienso que ni Escoto mismo afirmaría tal cosa respecto a ellos. Se ve, pues, que tampoco este título es idóneo y legítimo para ocupar las provincias de los bárbaros.

Otro título se alega más seriamente, y es el *Título Quinto*, que se basa en *los pecados de los mismos bárbaros*. Dicen que aunque no se les pueda atacar por la guerra ni por razón de su infidelidad ni por rehusarse a recibir la fe cristiana, puede combatírseles por sus otros pecados mortales, que son muchos y gravísimos, según se comenta.

Con relación a los pecados mortales hacen distinciones, diciendo que hay algunos pecados que no van contra la ley natural sino contra la ley positiva divina, y que por éstos no puede hacérseles la guerra. Hay otros, en cambio, que van contra la naturaleza, como el comer carne humana, el ayuntarse carnalmente con la madre, las hermanas o con varones, y por éstos puede hacérseles la guerra y obligarles a que desistan de ellos. La razón de una y otra cosa estriba en que los otros pecados que van contra la ley positiva no es posible hacerles ver claramente que obran mal; mientras que en los que van contra la ley natural se les puede mostrar que ofenden a Dios, pudiéndoseles constreñir, por consiguiente, para que no le injurien más.

Además, se les puede obligar a que observen la ley que profesan; pero ésta es la ley natural; luego... Ésta es la opinión del arzobispo de Florencia (3.ª parte, tít. 22, capítulo V, 8), de Agustín de Ancona, de Silvestre, en la palabra *Papa* (7), y también de Inocencio, en el capítulo *Quod super his (De voto),* donde dice expresamente: *Creo que los gentiles, que no tienen otra ley que la natural, cuando obran contra ella pueden ser castigados por el Papa. Lo que se demuestra con el Génesis* (9) *donde se lee que los sodomitas fueron castigados por Dios. Y como los juicios de Dios son ejemplo para nosotros, no veo por qué el Papa, que es Vicario de Cristo, no pueda hacer lo mismo.* Esto dice Inocencio. Y, por la misma razón, podrán ser castigados también por los príncipes cristianos con la autoridad del Papa.

16.   *Responde e impugna el quinto título.* Pero yo formulo la siguiente conclusión: *Los príncipes cristianos, ni aun con la autoridad del Papa, pueden apartar por la fuerza a los bárbaros de los pecados contra la ley natural, ni por causa de ellos castigarlos.* Se prueba, en primer lugar, porque los autores que comentamos se fundan en un supuesto falso, como es el de que el Papa tenga jurisdicción sobre dichos bárbaros. En segundo lugar, porque o entienden por pecados contra naturaleza en un sentido universal, cualquier pecado contra la ley natural, como el hurto, la fornicación o el adulterio; o se refieren a ellos en el sentido peculiar de pecado contra la naturaleza, de que habla Santo Tomás en la *Secunda Secundae,* cuestión 154, artículos 11 y 12, diciendo que se llaman así no sólo porque van contra la ley natural, sino también contra el orden de la naturaleza, y que son los que en la 2.ª Epístola a los Corintios, 2, se denominan *inmundicias,* según recuerda la *Glosa.* Tales son el concúbito con los niños, o el bestial, o el de mujer con mujer, de lo cual se habla en la Epístola a los Romanos, 1.

Si se refieren en el segundo sentido solamente, se arguye en contra, alegando que el homicidio es pecado tanto o más grave, y tan manifiesto, por lo que si fuera lícita la coacción para aquellos pecados, también habría de serlo para ésta. Igualmente, también la blasfemia es pecado tan grave y tan manifiesto; luego...

Si se entiende en el primer sentido, esto es, en general por cualquier pecado que vaya contra la ley natural, se arguye así: la coacción no es lícita contra la fornicación; luego tampoco puede serlo respecto a los otros pecados contra la ley natural. El antecedente se deduce claramente de la 1.ª Epístola a los Corintios, 5: *Os escribí en una epístola que no tratéis con los fornicadores,* y luego: *Si aquel que es del número de vuestros hermanos es fornicador o idólatra, con este tal ni tomar bocado,* y más abajo: *Pues, ¿cómo podría yo juzgar a los que están fuera?* Pasaje éste sobre el cual dice Santo Tomás: *Los prelados sólo recibieron potestad sobre aquellos que se sometieron a la fe.* De lo cual se deduce claramente que San Pablo dice que no le compete a él juzgar a los infieles, fornicadores e idólatras.

Por otra parte, tampoco pueden hacerse ostensibles con evidencia los pecados contra la ley natural; por lo menos para todos.

Además, esto equivaldría a decir que es lícito hacer la guerra a los bárbaros por razón de la infidelidad, ya que todos son idólatras.

Además, no es lícito al Papa hacer guerra a cristianos porque sean fornicadores o ladrones, ni aun por ser sodomitas, no pudiendo por lo consiguiente confiscar sus tierras ni darlas a otros príncipes; porque si así no fuera, como en todas las provincias hay siempre muchos pecadores, cada día cambiarían los reinos.

Y esto se confirma considerando que tales pecados son más graves entre los cristianos, que saben que lo son, que entre los bárbaros que lo ignoran.

Además que, resultaría sorprendente que el Papa, que no puede dar leyes a los infieles, pudiera juzgarlos e imponerles penas.

Además se puede argüir, con razón bien convincente, de esta manera: o los bárbaros están obligados a sufrir las penas impuestas a ellos por sus pecados o no lo están. Si no lo están, no puede imponérselas el Papa; si lo están, estarían también obligados a reconocer al Papa como señor y legislador. Luego, si no lo reconocieran, ya por este solo hecho habría motivo para hacerles la guerra; consecuencia ésta que, como arriba queda dicho, niegan nuestros mismos adversarios. Y a la verdad que sería bien extraño que pudieran los bárbaros negar impunemente la autoridad y jurisdicción del Papa, y que, sin embargo, hubieran de sujetarse a sus fallos.

Además, no tienen por qué acatar la sentencia del Papa quienes no sean cristianos, pues que por ningún otro título puede el Papa condenar o castigar, si no es por el de ser Vicario de Cristo. Pero ellos mismos, tanto Inocencio y Agustín de Ancona, como el Arzobispo y Silvestre, confiesan que nadie puede ser castigado por no recibir a Cristo; luego tampoco han de poder serlo por no recibir con acatamiento el fallo del Papa, pues esto presupone aquello.

Con lo que queda confirmado que ni este título ni el precedente son suficientes. Porque nunca en el Antiguo Testamento, en el cual, sin embargo, las cuestiones se dirimían por medio de las armas, vemos que el pueblo de Israel ocupara las tierras de los infieles, ya por el hecho de ser infieles o idólatras, ya porque incurrieran en otros pecados contra naturaleza, como el sacrificar sus hijos e hijas a los demonios. Cuando las ocupó, fue por especial donación de Dios o porque los infieles le impedían el tránsito o lo ofendían.

Además, ¿qué es lo que llaman estos escritores *profesar la ley natural?* Si se trata de su conocimiento, dichos bárbaros la ignoran en gran parte; si se trata únicamente de averiguar si tienen la voluntad de observar la ley de la naturaleza, hay que decir que la tienen, como tendrán también la de cumplir toda ley divina. Si ellos supieran que la ley cristiana es divina, querrían guardarla, y están en la misma posición respecto a la fe natural que frente a la cristiana.

Disponemos de más pruebas para demostrar que la ley de Cristo es de Dios y es verdadera, que para demostrar que la fornicación es mala y como ella otras cosas prohibidas por la ley natural. De donde resulta que si fuera cierto que pueden ser forzados a observar la ley natural, en razón de que puede ser probada, se les podría obligar también a cumplir la ley evangélica.

Queda otro título, el sexto, que podría alegarse, o se alega ya: el de *la elección voluntaria,* que se expone así:

«Cuando los españoles se aproximan a los bárbaros, les dan a entender que son enviados por el rey de España para su bienestar, y les exhortan a recibirlo y aceptarlo como rey señor, a lo que ellos contestan que les place.» Ahora bien, como la Instituta (*De rerum divisione,* I, 1, 40) dice: *Nada hay más natural que validar la voluntad del dueño que quiere transferir su dominio a otro,* queda demostrado que...

Se impugna el sexto título. Yo, en cambio, establezco esta conclusión: *Tampoco este título es idóneo.*

Y esto resulta claro. En primer término, porque deberían hallarse ausentes el miedo y la ignorancia, defectos que vician toda elección. Por lo contrario, uno y otra son los que principalmente influyen en aquellas elecciones y aceptaciones, ya que los bárbaros no saben lo que hacen, y tal vez ni entienden lo que les piden los españoles. Además, esto lo piden gentes armadas a una turba inerme y amedrentada. Ellos tienen, por otra parte, y según dijimos antes, sus propios señores y príncipes, por lo que no resulta razonable que elijan nuevos señores, pues esto sería en perjuicio de los antiguos, del mismo modo y por la misma razón que éstos no podrían crear nuevos príncipes sin consentimiento del pueblo.

Visto que en tales elecciones y aceptaciones no concurren todos los requisitos necesarios para una elección legítima, este título no es en absoluto idóneo ni legítimo para ocupar y obtener aquellas provincias.

El *séptimo título* que puede invocarse es que hubo *una donación especial de Dios.*

Dicen algunos —no sé bien quiénes— que Dios, en sus singulares juicios, condenó a todos estos bárbaros a la perdición con motivo de sus abominaciones y que los entregó al poder de los españoles, como puso en otro tiempo a los cananeos en manos de los judíos.

Se impugna el séptimo título. Pero sobre esto no voy a discutir mucho, ya que es peligroso creer a aquel que sostiene profecías contra la ley común y contra las reglas de la Escritura, si no confirma su doctrina con milagros, que en esta ocasión no existen.

Además, aun si fuera cierto que el Señor hubiera decretado la perdición de los bárbaros, no se deduciría de ello que aquel que los destruyese estuviere libre de culpa, como no lo estuvieron los reyes de Babilonia que lanzaban sus ejércitos contra Jerusalén y conducían cautivos a los hijos de Israel, aunque de hecho todo esto sucediera por especial providencia de Dios, como tantas veces se les había anunciado a los judíos. Tampoco Jeroboam obró bien al apartar al pueblo de Israel de la obediencia de Roboam, aunque esto ocurriese por determinación del Señor, y así lo hizo saber Dios por el Profeta. Por otra parte, dejando de lado el pecado de infidelidad, hay entre algunos cristianos mayores pecados en las costumbres que entre esos bárbaros.

Escrito está en San Juan (I, 4): *No creáis a todo espíritu, sino examinad si los espíritus son de Dios.* Y, como dice Santo Tomás (I, 2.ª, cuestión 68): *El Espíritu Santo reparte sus dones para la perfección de las virtudes.* Por lo tanto, donde y cuando la fe, la autoridad y la Providencia indican lo que hay que hacer, no se ha de recurrir a los dones.

Baste con lo dicho sobre los títulos falsos y no idóneos alegados para justificar la ocupación de las provincias de los bárbaros. Pero me interesa hacer notar que yo nada he visto escrito acerca de esta cuestión y que no he asistido a ninguna discusión o consejo sobre tal materia. Puede ser, por lo tanto, que existan otros que, no sin razón, funden en alguno de los textos citados el título y la justicia de tal señoría y de sus negociaciones. Pero yo, hasta ahora al menos, no puedo entender el problema de otra manera que la que he manifestado, por lo que digo que, si no hubiera más títulos que éstos, mal se habría velado por la salvación de los príncipes que lo ordenaron o, mejor dicho, por la de aquellos a quienes incumbe entender en tales asuntos. Porque los príncipes siguen los consejos de otros, ya que no pueden examinar estas cosas por sí mismos. Téngase presente lo que dice el Señor: *¿De qué provecho le sirve al hombre ganar todo el mundo, si lo hace en detrimento suyo y al fin se pierde a sí mismo?* (San Mateo, 16; San Marcos, 8, y San Lucas, 9).

*De los títulos legítimos por los cuales pudieron venir
los bárbaros al dominio de los españoles*

SUMARIO

1. Cómo pudieron venir los bárbaros al dominio de los españoles, por razón de la sociedad y comunidad natural de los hombres.—2. Los españoles tienen el derecho de recorrer las provincias de los bárbaros indios, y de establecerse en ellas, pero sin daño alguno de los naturales y sin que puedan éstos impedírselo.—3. Es lícito a los españoles negociar en tierras de los bárbaros indios, sin perjuicio de la patria de los mismos, importando los productos de que aquéllos carecen, etc., y extrayendo de allí oro, plata y otras cosas que abundan, sin que aquellos príncipes puedan impedir a sus súbditos ejercer el comercio con los españoles, etc.—4. No es lícito a los bárbaros prohibir a los españoles la comunicación y participación de todas las cosas que entre ellos sean comunes para los ciudadanos y los extranjeros.—5. Los hijos, que entre los indios nazcan, de padres españoles establecidos allí, si quieren ser ciudadanos, no pueden ser desterrados de la ciudad ni ser privados de las ventajas y derechos de los demás ciudadanos.—6. Qué podría hacerse si los bárbaros quisieran prohibir a los españoles el comerciar con ellos.—7. Si los españoles, una vez ensayados con mucha prudencia y mesura todos los otros recursos, no pudiesen conseguir seguridad de los bárbaros o indios, sino sometiéndolos y ocupando sus ciudades, ¿podrán lícitamente hacerlo?—8. Cuándo y en qué caso pueden los españoles tratar a los bárbaros como a pérfidos enemigos, ejercer todos los derechos de la guerra sobre ellos, despojarlos, reducirlos a cautividad y hasta deponer a sus primitivos señores, instituyendo otros nuevos.—9. Si en razón de la propagación de la fe cristiana pueden los bárbaros ser sometidos por los españoles y si los cristianos tienen derecho a predicar y anunciar el Evangelio en las provincias de los bárbaros.—10. El Papa pudo confiar exclusivamente a los españoles el asunto de la conversión de los indios bárbaros y prohibir a los demás pueblos, no sólo la predicación, sino también el comercio, si esto hubiera

sido conveniente para la propagación de la religión cristiana.—11. No deben ser hostilizados los bárbaros, ni privados de sus bienes, si libremente y sin obstáculos permiten a los españoles predicar el Evangelio aunque ellos no reciban la fe.—12. De qué modo pueden ser reprimidos los bárbaros por los españoles, sin llegar al escándalo, y tanto los jefes como el pueblo mismo, cuando impiden la publicación del Evangelio. Y qué hay que decir de aquellos que, admitiendo la predicación, impiden las conversiones, matando o castigando a los ya convertidos, o aterrorizando a los otros.—13. De qué modo podrían los bárbaros venir al dominio de los españoles cuando, una vez convertidos y hechos cristianos y queriendo sus príncipes por la violencia o el miedo, volverles a la idolatría, los españoles les protegieren y recibieren bajo su tutela.—14. Los bárbaros pudieron quedar sujetos a los españoles, porque estando convertida una buena parte de ellos al cristianismo, el Papa, pidiéndolo ellos o no, pudo darles, habiendo causa razonable, un príncipe cristiano como el rey de los españoles, arrojando a los señores infieles.—15. Si los bárbaros pudieron venir a poder de los españoles, a causa de la tiranía de sus señores o a causa de leyes tiránicas que hacían injuria a los inocentes.—16. Los bárbaros indios pudieron venir a poder de los españoles por verdadera y voluntaria elección.—17. Los bárbaros pudieron venir a poder de los españoles, a título de sociedad y amistad natural.—18. Si los españoles pudieron reducir a los bárbaros a su dominio, dónde y cuándo les constó que eran amentes

Disertaré ahora acerca de los *títulos legítimos e idóneos,* por los que pudieron los bárbaros venir a poder de los españoles.

1. *Primer título.* El primer título puede llamarse el de la sociedad natural y comunicación.

2. Y acerca de esto, sea la primera conclusión: *Los españoles tienen derecho a viajar y permanecer en aquellas provincias, mientras no causen daño, y esto no se lo pueden prohibir los bárbaros.*

Se prueba en primer lugar por el derecho de gentes, que es derecho natural o se deriva del derecho natural. Dice la Instituta *(De jure naturale et gentium): Se llama derecho de gentes el que la razón natural constituyó entre todas las naciones.*

En todas las naciones se tiene por inhumano el recibir y tratar mal a los huéspedes y peregrinos sin motivo especial alguno, y, por el contrario, se tiene por humano y cortés el portarse bien con ellos, a no ser que los extranjeros aparejaran daños a la nación.

En segundo lugar, al comenzar el mundo (cuando todas las cosas eran comunes), era lícito a cualquiera dirigirse a la región que quisiera y recorrerla. No parece que esto haya sido abolido por la división de las cosas, porque jamás pudo ser la intención de los pueblos evitar la comunicación y el trato entre los hombres. En tiempos de Noé habría sido inhumano el hacerlo.

Tercero: Son lícitas todas las cosas que no están prohibidas o que no redundan en perjuicio o injuria para los demás. Y como (según suponemos) la referida peregrinación de los españoles no injuria ni daña a los bárbaros; luego es lícita.

Cuarto: No sería lícito a los franceses prohibir a los españoles recorrer Francia y aun establecerse en ella, ni viceversa, si no redundase en su daño o se les hiciera injuria; luego tampoco podrán hacerlo lícitamente los bárbaros.

Quinto: El destierro es una pena que figura entre las capitales, y, por lo tanto, no hay derecho a desterrar a los huéspedes sin culpa alguna.

Sexto: Es propio del derecho de la guerra prohibir la residencia en la ciudad o provincias a los que se consideren como enemigos, como asimismo expulsar a los que en ellas se encuentran establecidos. Pero como los bárbaros no están en guerra justa con los españoles, supuesto que éstos no les sean dañosos, no les es lícito el vedarles estar en su patria.

El séptimo argumento lo configura el dicho del poeta:

«¿De qué suerte de gente son estos hombres?
¿Qué país puede tener tan salvaje proceder,
negándonos la hospitalidad en sus orillas?»

(VIRGILIO: *Eneida*, I, 539.)

Octavo: Dice el Eclesiastés: «*Todo animal ama a su semejante* (13)», luego la amistad entre los hombres parece ser de derecho natural, y contra la naturaleza el obstaculizar el comercio y la comunicación de los hombres que ningún daño causan.

El noveno argumento lo brinda aquel pasaje de San Mateo (25): *Fui huésped y no me disteis hospitalidad*. Por consiguiente, como, según se ve, es de derecho natural recibir a los huéspedes, aquel juicio de Cristo se establecerá con todos y para todos.

Décimo: Dice la Instituta (I, II, 1): *Por derecho natural, son comunes a todos, el agua corriente, el mar, los ríos y los puertos y por derecho de gentes es lícito atracar en ellos*. De ello resulta que estas cosas son públicas y comunes, y que, por lo tanto, su uso no puede vedarse a nadie, y, por lo tanto, los bárbaros ofenderían a los españoles si se lo prohibieran en sus regiones.

Undécimo: Ellos admiten a los bárbaros de cualquier otra parte; por lo tanto, harían injuria a los españoles no admitiéndolos.

Duodécimo: El no ser lícito a los españoles peregrinar entre ellos, tendría que originarse o en el derecho natural, o en el divino, o en el humano. Ya hemos visto que está permitido, ciertamente, por el derecho natural y por el derecho divino. Si, pues, hubiera alguna ley humana que sin causa alguna prohibiera lo que permite el derecho natural y divino, sería inhumana e irracional, y, por consiguiente, carecería de fuerza legal.

Decimotercero: O los españoles son súbditos de ellos, o no. Si no son súbditos, no pueden prohibirles nada. Si son súbditos, están obligados a tratarlos bien.

Decimocuarto: Los españoles son prójimos de los bárbaros, como surge del Evangelio (San Lucas, 10, 29-37), al hablar del Samaritano. Pero como está ordenado amar al prójimo como a sí mismo (San Mateo, 22), los bárbaros no pueden lícitamente prohibir su patria a los españoles sin motivo alguno. Que, como dice San Agustín *(De Doctrina Cristiana): Cuando se dice, amarás a tu prójimo, es manifiesto que son prójimos todos los hombres*.

3. Segunda proposición. *Es lícito a los españoles comerciar con ellos, pero sin perjuicio de su patria, importándoles*

los productos de que carecen y extrayendo de allí oro o plata u otras cosas en que ellos abundan; y ni sus príncipes pueden impedir a sus súbditos que comercien con los españoles, ni, por el contrario, los príncipes de los españoles pueden prohibirles el comerciar con ellos.

Esto se prueba por la proposición anterior. Primero, porque parece también de derecho de gentes que, sin detrimento de los ciudadanos, puedan los extranjeros ejercer el comercio.

Segundo: Como esto es lícito por derecho divino, la ley que lo prohibiera sería irracional sin duda alguna.

Tercero: Los príncipes están obligados, por derecho natural, a amar a los españoles; por lo tanto, no les es lícito, sin causa alguna, prohibirles el goce de sus beneficios, mientras los disfruten sin causarles perjuicio.

Cuarto: Obrar de otra manera sería ir contra el proverbio que dice: *No hagas a otro lo que no quieras que te hagan a ti.* En resumen, que los bárbaros no pueden excluir de su comercio a los españoles, por la misma razón que los cristianos no pueden tampoco prohibírselo a otros cristianos. Es evidente que si los españoles prohibieran a los franceses el comerciar con las Españas, no por el bien de España, sino para impedir a los franceses el participar en alguna utilidad, esta ley sería inicua y contra caridad. Ahora bien, si esto no puede justamente prohibirse por ley, mucho menos puede ejecutarse, pues la ley no es inicua sino por su ejecución. Y como se dice en el *Digesto (De justitia et Jure,* Ley *Ut vim,* I, 1, 3): *La naturaleza ha establecido el parentesco entre todos los hombres.* De donde resulta que es contrario al derecho natural que el hombre se aparte del hombre sin causa alguna. *Pues no es lobo el hombre para otro hombre* —como dice Ovidio—, *sino hombre.*

4. Tercera proposición. *Si hay entre los bárbaros cosas que sean comunes a los ciudadanos y a los extranjeros, no es lícito que los bárbaros prohíban a los españoles la comunicación y participación de las mismas.*

Por ejemplo: Si es lícito a los demás extranjeros extraer el oro de las tierras comunes o de los ríos, o pescar perlas en el mar o en el río, no pueden los bárbaros vedárselo a los españoles, que, del mismo modo que los demás, podrán hacer lícitamente estas cosas y otras semejantes, mientras no sean gravosas a los ciudadanos y a los naturales.

Esto se prueba por la primera y la segunda proposición. Porque si es lícito a los españoles el peregrinar y comerciar con ellos, les es lícito también usar de las leyes y beneficios de todos los peregrinos.

En segundo lugar, porque las cosas que no son de ninguno, por derecho de gentes son del que las ocupa (Inst., *De rerum divisione, Ferae Bestiae*). Luego, si el oro que se encuentra en el campo, o las perlas en el mar, o cualquier otra cosa en los ríos, no son propiedad de nadie, por derecho de gentes serán del ocupante, como los peces del mar. Hay que considerar que muchas cosas proceden del derecho de gentes, el cual, por derivarse suficientemente del derecho natural, tiene manifiesta fuerza para dar derechos y crear obligaciones. Y aunque no se derivaran del derecho natural, hay principios que son evidentemente resultado del común consentimiento de la mayor parte de las gentes del orbe, lo que ya es bastante, mayormente siendo, como son, encaminados por el bien de todos.

Después de los primeros tiempos de la creación del mundo y de su reparación tras el diluvio, la mayoría de los hombres estableció que los legados fueran en todas partes intangibles, que los mares fueran comunes, que los cautivos de guerra fueran sólo esclavos y que convenía que los huéspedes no fueran expulsados: todo esto tiene fuerza de ley, aunque hubiera alguno que lo repugnare.

5. Cuarta proposición. *Más aún: si a algún español le nacen allí hijos y quisieran éstos ser tenidos por ciudadanos del lugar, no parece que se les pueda impedir el habitar en la ciudad o el gozar de los derechos de los restantes ciudadanos, siempre que los padres hayan tenido allí su domicilio.*

Esto resulta porque parece que es de derecho de gentes que el que ha nacido en una ciudad se diga y sea ciudadano de ella. (Ley *Cives*, tít. *De Appellationibus*, Código, VII, 62, 11.) Y lo confirma el que, siendo el hombre un animal civil, el que ha nacido en una ciudad no sea ciudadano de otra. Luego si no fuese ciudadano de aquella ciudad (en que nació) no sería ciudadano de ninguna, por lo cual se le impediría el goce del derecho natural y del de gentes.

Además, si algunos quisieran domiciliarse en alguna de las ciudades de los indios, ya tomando mujer en matrimonio, ya empleando los modos de establecerse consentidos a los otros extranjeros para convertirse en ciudadanos, no parece que puedan prohibírselo más que a los otros, y, por consiguiente, podrán gozar de los privilegios de los ciudadanos como los otros, con tal que también soporten las cargas comunes. Argumenta en favor de esto mismo el que se recomienda la hospitalidad en la 1.ª Epístola de San Pedro, donde se lee: *Ejerced la hospitalidad mutua,* y el que San Pablo (1.ª Tim., 3) diga, refiriéndose al obispo: *Conviene que el Obispo sea hospitalario.* De lo cual se infiere que, por el contrario, el no acoger a los huéspedes y peregrinos es de suyo malo.

6. Quinta proposición. *Si los bárbaros quisieran privar a los españoles de las cosas manifestadas más arriba, que les corresponden por derecho de gentes, como el comercio o las otras que hemos declarado, los españoles deben ante todo, con razones y consejos, evitar el escándalo, y mostrar por todos los medios que no vienen a hacerles daño, sino que quieren amigablemente residir allí y recorrer sus provincias sin daño alguno para ellos; y deben mostrarlo, no sólo con palabras, sino con razones, conforme a la sentencia «Es propio de los sabios experimentar las cosas antes que decirlas.» Pero si, a pesar de ello, los bárbaros no quieren consentir, sino que apelan a la violencia, los españoles pueden defenderse y hacer lo que sea conveniente para su seguridad, ya que es lícito rechazar la fuerza con la fuerza. Y no sólo esto, sino también, si de otro modo no están se-*

guros, pueden amunicionarse y construir fortificaciones; y si se les inflige injuria, pueden con la autoridad de su príncipe vengarla con la guerra, y usar de los demás derechos de la guerra.

Esto se prueba considerando que la causa de la guerra justa es repeler y vengar una injuria, como hemos dicho siguiendo a Santo Tomás (*Secunda secundae,* cuestión 40). Como los bárbaros, negando el derecho de gentes a los españoles, les hacen injuria, pueden éstos lícitamente hacer la guerra si es necesaria para la obtención de su derecho.

Pero debe tenerse presente que, como estos bárbaros son por naturaleza medrosos, y muchas veces estúpidos y necios, aunque los españoles quieran disipar su temor y darles seguridad de que sólo tratan de conversar pacíficamente con ellos, puede ocurrir que con cierta razón persistan en su temor al ver hombres de extraño porte, armados y mucho más poderosos que ellos. Y, por lo tanto, si impulsados por este temor, se reunieran para expulsar o matar a los españoles, ciertamente les sería lícito a éstos el defenderse, pero sin excederse de lo preciso para una defensa irreprochable, sin que les sea permitido usar de los demás derechos de la guerra, como ocurriría si, después de alcanzada la victoria y la seguridad, mataran o despojaran a los indios u ocuparan sus ciudades. Y esto en razón de que en este caso serían inocentes los bárbaros y habrían temido con fundamento, según suponemos. Y, por lo tanto, deben los españoles defenderse; pero en cuanto sea posible, con el mínimo daño de ellos, porque se trata de una guerra defensiva solamente.

Y no hay ningún inconveniente para afirmar que esta guerra es justa para ambas partes, pues que de una parte está el derecho y de la otra la ignorancia invencible. Que así como los franceses poseen la Borgoña, creyendo con probable ignorancia que les pertenece, mientras que esa provincia pertenece de derecho a nuestro emperador, que podría atacarla y defenderla los franceses, siendo en tal caso la guerra justa por ambas partes, así también puede ocurrir con los bárbaros el mismo caso, lo cual debe tenerse muy en cuenta.

Porque muy distintos son los derechos de la guerra que se hace contra hombres perversos y agresores y los de la guerra contra inocentes e ignorantes. Como también ocurre en materia de escándalos, pues hay una manera de evitar el escándalo de los fariseos, y otra distinta para evitar el de los pusilánimes y enfermos.

7. Sexta proposición. *Si tentados todos los medios, los españoles no pueden conseguir su seguridad entre los bárbaros sino ocupando sus ciudades y sometiéndolos, pueden lícitamente hacerlo.* Se prueba teniendo en cuenta que *el fin de la guerra es la paz,* como dice San Agustín escribiendo a Bonifacio. Por lo tanto, como se ha dicho anteriormente, desde el momento en que les es lícito a los españoles aceptar la guerra o declararla, ya les son lícitas también todas aquellas cosas que sean necesarias para el fin de la guerra, esto es, para obtener la paz y la seguridad.

8. Séptima proposición. *Más aún, si después que los españoles hubiesen mostrado con toda diligencia, por palabras y obras, que ellos no constituyen obstáculo para que los bárbaros vivan pacíficamente, éstos perseveraran en su malicia y maquinasen la perdición de los españoles, éstos podrían obrar no ya como si se tratara de inocentes, sino de adversarios pérfidos, haciéndoles sentir todo el rigor de los derechos de la guerra, despojándolos de sus bienes, reduciéndolos a cautiverio y destituyendo a los antiguos señores y estableciendo a otros en su lugar; pero todo esto con moderación y en proporción a los hechos y a las injurias recibidas.*

Esta conclusión es bien clara: porque si les es lícito a los españoles llevarles la guerra, también ha de serlo el que usen todos los derechos de la guerra.

Y esto se confirma, porque los indios no han de estar en mejores condiciones por ser infieles. Además, si todas estas cosas sería lícito hacerlas con los cristianos, en justa guerra, luego también podrán hacerse con los bárbaros.

Por lo demás, es principio general del derecho de gentes que todas las cosas tomadas en la guerra pasen a poder del vencedor, como se dice en la Ley *Si quid in bello,* y en la Ley *Hostes,* título *De captivis;* y en el capítulo *Jus Gentium,* I. Distinc., y más expresamente en la Instituta, *Item quid ad hostibus* (I, II, 1, 17), donde se afirma que *por derecho de gentes lo que tomamos de los enemigos pasa instantáneamente a ser nuestro, hasta tal punto que los mismos hombres se convierten en siervos nuestros.*

Además, porque (como dicen los doctores al tratar de la materia referente a la guerra) el príncipe que hace una guerra justa, se convierte, por la fuerza del derecho que lo asiste, en juez de los enemigos y los puede castigar jurídicamente y condenar en conformidad con la gravedad de las injurias recibidas. Corrobora todo lo dicho la consideración siguiente: Por derecho de gentes los legados son inviolables; ahora bien, como los españoles son legados de los cristianos, los bárbaros están obligados, por lo menos, a oírlo benignamente y no rechazarlos.

Éste es, pues, el *primer título* por el que los españoles pueden ocupar las provincias y principados de los bárbaros, con tal que se haga sin engaño ni fraude y no se busquen fingidas causas de guerra. Pero si los bárbaros permitieran a los españoles comerciar pacíficamente con ellos, entonces ninguna causa justa puede alegarse a este respecto, para ocupar sus bienes, que no pueda ser alegada para ocupar los bienes de los cristianos.

9. *Otro título* puede existir, que es *la propagación de la religión cristiana.* En favor del cual formularemos como *primera conclusión,* la siguiente: *Los cristianos tienen derecho de predicar y de anunciar el Evangelio en las provincias de los bárbaros.* Esta conclusión es manifiesta por aquello de San Marcos (16): *Predicad el Evangelio a todas las criaturas,* etc. Y aquello otro: *La palabra de Dios no está encadenada* (Timoteo, II, 2).

En segundo lugar es clara por lo ya expresado. Porque si tienen los cristianos el derecho de viajar y comerciar entre ellos, pueden también enseñar la verdad a los que quieran oírla, mayormente tratándose de algo que se refiere a la salvación y felicidad, con mayor razón que acerca de otras cosas pertenecientes a cualquiera humana disciplina.

En tercer lugar, porque de otro modo quedarían fuera del estado de salvación, si no fuera lícito a los españoles el ir a anunciarles el Evangelio.

En cuarto lugar, porque la corrección fraterna es de derecho natural, como el amor; y dado que ellos están no sólo en pecado mortal, sino también fuera del estado de salvación, a los españoles les compete el corregirlos y dirigirlos, y aún más, parece que están en la obligación de verificarlo.

En quinto y último término, porque los bárbaros son prójimos, según se ha dicho más arriba. Y como Dios «*mandó a cada uno de ellos el amor de su prójimo*» (*Eclesiástico, 17*), se infiere que corresponde a los cristianos instruir en las cosas divinas a aquellos que las ignoran.

10. *Segunda conclusión. Aunque esto sea común y pertenezca a todos los cristianos, pudo, sin embargo, el Papa encomendar esta misión a los españoles y prohibírsela a todos los demás.*

Y esto se prueba porque, aunque el Papa no sea señor temporal, como arriba queda dicho, tiene, sin embargo, potestad sobre las cosas temporales en orden a las espirituales, y, por lo tanto, como corresponde al Papa procurar la difusión del Evangelio en todo el mundo, si para la predicación del Evangelio en aquellas provincias tienen más facilidades los príncipes de España, puede encomendársela a ellos y prohibírsela a todos los otros. Y no sólo puede prohibir a estos últimos la predicación, sino también el comercio, si esto resultara conveniente para la difusión de la religión cristiana, puesto que puede disponer en las cosas temporales según convenga a las cosas espirituales. Luego, si esto fuera conveniente, estaría el hacerlo en la autoridad y poder del Sumo Pontífice. Ahora bien, parece que es en absoluto conveniente, ya que si de otras naciones cristianas concurriesen indistintamente a aquellas provincias, sería fácil que mutuamente se estorbasen y que surgieran conflictos, que perturbarían la tranquilidad y obstaculizarían el asunto de la fe y la conversión de los bárbaros. Además, puesto que los príncipes de España fueron los primeros que, bajo sus auspicios y a sus expensas hicieron realizar aquella navegación y descubrieron tan dichosamente el Nuevo Mundo, justo es que la tal peregrinación se prohíba a los demás y que sólo ellos disfruten en lo descubierto. Y de la misma manera que, para conservar la paz entre los príncipes cristianos y extender la religión, pudo el Papa distribuir las provincias de los sarracenos entre los dichos príncipes, de modo que ninguno se inmiscuyera en la parte asignada a otro, puede también nombrar príncipes en bien de la religión, sobre todo en donde no hubo nunca príncipes cristianos.

11. *Tercera conclusión. Si los bárbaros permitieran a los españoles predicar el Evangelio libremente y sin obstáculo, no sería lícito, tanto si reciben como si no reciben la fe, declararles la guerra, ni tampoco ocupar sus tierras.*

Esto lo hemos probado antes al refutar el cuarto título, y es evidente, pues, que nunca hay guerra justa si no precedió alguna injuria, como dice Santo Tomás (II, 2.ª, cuestión 40, artículo 1.º).

12. *Cuarta conclusión. Si los bárbaros, ya sean los señores ya el pueblo mismo, impidieran a los españoles anunciar libremente el Evangelio, los españoles, después de razonarlo para evitar el escándalo, pueden predicarles aun contra su voluntad, y entregarse a la conversión de dicha gente, y, si para esta obra fuera necesario aceptar la guerra o iniciarla, podrán hacerla hasta que den oportunidad y seguridad para predicar el Evangelio. Y hay que decir lo mismo si, permitiendo la predicación, impiden las conversiones, matando o castigando de cualquiera otra manera a los convertidos a Cristo, o haciendo desistir a los demás con amenazas.*

Esto es claro, porque al hacerlo, los bárbaros injurian a los cristianos, que, por lo tanto, ya tienen una justa causa para declarar la guerra. Resulta también si se considera que con ello se impediría el beneficio de los mismos bárbaros, al cual sus príncipes no pueden oponerse en justicia. Luego, en favor de los que son oprimidos y padecen injuria, pueden hacer la guerra los españoles, máxime tratándose de un asunto de tanta monta.

De esta conclusión también se desprende claramente y por la misma razón, que si no se puede favorecer de otro modo la causa de la religión, es lícito a los españoles ocupar los territorios y provincias de dichos príncipes y destituirlos, estableciendo en su lugar a otros señores. Podrán también hacer las demás cosas que por derecho de guerra son lícitas en toda guerra justa, guardando siempre moderación y justicia, para que no se vaya más allá de lo que sea necesario, y considerando siempre que es mejor ceder del derecho propio que no traspasarse a lo que no es lícito, y tomándose, por fin, no el propio provecho, sino la utilidad y el interés de los bárbaros. Porque hay que tener muy en cuenta lo que dice San Pablo (1.ª Ep. a los Corintios, 6, 12): *Si todo me es lícito, no todo me es conveniente.*

Todas estas cosas que hemos dicho han de entenderse hablando en general. Porque puede ocurrir que estas guerras, matanzas y despojos, más bien impidan que fomenten la conversión de los bárbaros. Y, por lo tanto, lo primero que en todo esto debe procurarse es que no se pongan obstáculos a la difusión del Evangelio, pues si se hallaren hay que abandonar ese modo de evangelizar y buscar otro. Pues nosotros señalamos simplemente lo que de suyo es lícito.

Yo no dudo que no haya habido necesidad de acudir a la fuerza y a las armas para poder permanecer allí los españoles; pero temo que la cosa haya ido más allá de lo que el derecho permitía.

Éste pudo ser el *segundo título legítimo* por el cual los bárbaros pudieran venir a poder de los españoles. Pero siempre debe tenerse presente lo que acaba de decirse; no sea que lo que de suyo es lícito, pueda por alguna circunstancia convertirse en malo; porque el bien necesita la integridad de todas sus partes, mientras que lo malo resulta de cualquier circunstancia defectuosa, según lo dicen Aristóteles (*Ética,* III) y Dionisio (*De divinis nominibus,* IV).

13. Puede haber otro título que se deriva de éste, y es: *Si algunos de los bárbaros se convierten al cristianismo y sus príncipes quieren por la fuerza y el miedo volverlos a la idolatría, los españoles pueden, en tal caso, si no existe otro medio, declarar la guerra y obligar a los bárbaros a que desistan de semejante injuria, y utilizar todos los derechos de la guerra contra los pertinaces y, si lo exigen las circunstancias, destituir a los señores, como en las demás guerras justas.*

Y éste pudiera señalarse como el *tercer título*, que no procede tan sólo de la religión, sino que arranca de la amistad y sociedad humanas. Pues por lo mismo que algunos bárbaros se convirtieron a la religión cristiana, se han hecho amigos y compañeros de los cristianos, y es sabido que aunque *debemos obrar el bien en favor de todos, señaladamente, sin embargo, lo debemos hacer en favor de aquellos que, mediante la fe, son de la misma familia que nosotros.* (Gálatas, 6.)

14. *Otro título* puede ser el siguiente: *Si una gran parte de los bárbaros se ha convertido a Cristo, ya sea por las buenas, ya por las malas, esto es, por amenazas o terrores, o de cualquier otro modo injusto, el Papa puede, habiendo causa razonable y pídanlo ellos o no, darles un príncipe cristiano, arrancándolos a sus anteriores señores infieles.*

Esto se prueba porque, en atención a la conservación de la fe cristiana, puede el Papa, en favor de la fe, cambiar los señores, si existiese el temor de que por estar sometidos a ellos, apostaten los bárbaros de la fe o que con ese motivo sean coaccionados.

Se confirma; porque (como los doctores dicen y expresamente Santo Tomás en la *Secunda Secundae,* cuestión 10, artículo 10), puede la Iglesia liberar a todos los siervos cristianos que sirvan a los infieles, aunque legalmente se hallen sujetos a su dominio. Y esto mismo dice también Inocencio, en forma expresa, en el citado capítulo *Super his,* título *De voto* (*Decretales,* III, 34, 8). Luego con mayor razón podrá liberar a los otros súbditos cristianos, que no están en tanta opresión como los siervos.

Se corrobora por el hecho de que la mujer, que está más atada al esposo que el súbdito al soberano, pues aquel vínculo es de derecho divino, mientras que éste no, queda en favor de la fe, libertada del esposo que permanece infiel, si éste la molesta a causa de la religión, como resulta del Apóstol (1.ª Ep. a los Corintios) y del capítulo *Quanto (De divortiis)*. Y es más: ahora es costumbre que por el mismo hecho de convertirse a la fe uno de los cónyuges, quede libre del otro cónyuge infiel; luego la Iglesia puede, en favor de la fe, y para evitar peligros, liberar a todos los cristianos que se encuentren bajo la obediencia y sujeción de señores infieles, evitando siempre el escándalo. Y éste se establece como el *cuarto título legítimo*.

15. Otro título puede existir, fundado en *la tiranía de los señores de los bárbaros o en el carácter inhumano de leyes que entre ellos imperen en daño de los inocentes, como son las que ordenan sacrificios de hombres inocentes o permiten la matanza de hombres exentos de culpa para comer sus carnes.* Afirmo que, *aun sin necesidad de la autorización del Pontífice, pueden los españoles prohibir a los bárbaros todas estas nefandas costumbres y ritos, pues les está permitido defender a los inocentes de una muerte injusta.*

Esto se prueba considerando que a todos mandó Dios cuidar de su prójimo y todos ellos son prójimos nuestros; luego cualquiera puede defenderlos de semejante tiranía y opresión, siendo a los príncipes a quienes mayormente incumbe tal cosa.

Además, lo prueba el pasaje de los *Proverbios* (24, 11): *Salva a aquellos que son conducidos a la muerte, y a los que son arrastrados al suplicio no dejes de librarlos.* Y esto no sólo debe entenderse para el preciso momento en que son llevados a la muerte, sino que en razón de ello se puede obligar a los bárbaros a desistir de semejantes ritos, y si no quisieren hacerlo, hay causa para hacerles la guerra y emplear contra ellos todos los derechos de la misma. Y si de otro modo no pudiera abolirse tan sacrílego ceremonial, se puede mudar a los señores e instituir nuevos principados. En cuanto a esto es verdadera la opinión de Inocencio y del

Arzobispo, de que los bárbaros pueden ser castigados por los pecados contra la naturaleza. Y no habría de ser obstáculo que todos los bárbaros consientan en tales leyes y sacrificios, y que no quisieren ser librados por los españoles de semejantes costumbres; pues en estas cosas no son, hasta tal punto, dueños de sí mismos, como para poder entregarse a la muerte o entregar a sus hijos. Éste puede ser el *quinto título legítimo*.

16.   Otro título puede ser la *verdadera y voluntaria elección*, que existiría en la hipótesis de que los bárbaros, comprendiendo la humanidad y sabia administración de los españoles, decidieran libremente, tanto los señores como los demás, recibir como príncipe al rey de España. Esto se puede hacer, y sería título legítimo, aun en el mismo derecho natural. Porque cada república tiene derecho a constituirse un señor, sin que para ello sea necesario el consentimiento de todos, pues basta con el de la mayoría. Pues, como en otro sitio dijimos, en lo que se refiere al bien común de la república, tiene fuerza de ley, aun para los que lo contradigan, todo aquello que determine la mayoría, ya que de otra manera nada podría hacerse en utilidad de la república, debido a lo difícil que es que todos estén conformes y coincidan en los mismos pareceres. Por donde, si en alguna ciudad o provincia, fueran cristianos la mayor parte, y quisieran éstos, en servicio de la fe y para el bien común, tener un príncipe cristiano, aun en discrepancia con el parecer de los demás, creo que podrían elegirlo y abandonar a los demás señores infieles. Y digo que pueden elegir príncipes no sólo para ellos, sino para toda la república, tal como hicieron los franceses, que por el bien de su patria cambiaron de príncipes, y despojando del reino a Childerico se lo entregaron a Pepino, padre de Carlomagno, cambio que reconoció el papa Zacarías. Éste es el *sexto título* que puede alegarse.

17.   Otro título podría provenir de *razones de amistad y alianza*.

Pues a veces los bárbaros guerrean entre sí legítimamente, y la parte que ha recibido injuria tiene derecho a declarar la guerra y puede pedir auxilio a los españoles, repartiendo con ellos los frutos de la victoria. Así obraron los tlascaltecas en su guerra con los mejicanos, celebrando un acuerdo con los españoles para que les ayudaran a combatirlos, y de lo que se ganó en tal lucha pudieron hacer partícipes a los españoles. Y que esto de combatir por los aliados y amigos sea causa justa de guerra no hay duda, como lo declara Cayetano en la *Secunda Secundae*, cuestión 40. Porque igualmente toda la república puede con toda justicia pedir auxilio a los extranjeros para vengar las injurias de los malvados extraños que la atacan. Y se confirma esto si se considera que ésta fue la principal causa a la que debieron los romanos la dilatación de su imperio, pues prestando su ayuda a los aliados y a los amigos, se vieron envueltos en varias guerras justas que, con arreglo al derecho de guerra, les permitieron apoderarse de nuevas provincias. Sin embargo, San Agustín (*De Civitate Dei*, lib. III) y Santo Tomás (*Opúsculo, 21*), reconocen como legítimo al Imperio romano, y Silvestre reputa como verdadero emperador a Constantino el Grande, y Ambrosio al emperador Teodosio. No se ve por qué otro título jurídico pudieron los romanos apoderarse del mundo, sino por el derecho de la guerra, provocada en la mayor parte de los casos por la defensa y vindicación de sus aliados.

Del mismo modo, Abraham (Génesis, 14), para vengar al rey de Salem y a otros reyes que con él habían concertado alianzas, peleó contra cuatro reyes de aquella región, de los cuales no había recibido injuria alguna.

Éste parece ser el *séptimo y último título* por el cual pudieron y pueden venir los bárbaros y sus provincias al dominio y posesión de los españoles.

18. *Otro título* podría, no ciertamente afirmarse, pero sí discutirse, considerando lo que pueda tener de legítimo. Yo no me atrevo a sostenerlo, ni tampoco a condenarlo de lleno. Es el siguiente: *Esos bárbaros, aunque, como antes dijimos, no sean del todo amentes, distan, sin embargo, muy poco de los amentes, lo que demuestra que no son aptos para formar o administrar una república legítima en las*

formas humanas y civiles. Por lo cual, ni tienen una legislación adecuada, ni magistrados, y ni siquiera son lo suficientemente capaces para gobernar sus familias. Carecen también de conocimientos de letras y artes, no sólo liberales, sino también mecánicas, de nociones de agricultura, de trabajadores y de otras muchas cosas provechosas y hasta necesarias para los usos de la vida humana.

Esto explica que algunos afirmen que para utilidad de ellos pueden los príncipes de España asumir la administración de aquellos bárbaros, y designar prefectos y gobernadores para sus ciudades. y aun darles nuevos señores si constara que esto era conveniente para ellos.

De esto digo que puede tener algo de convincente, pues si todos fueran amentes, no habría duda que lo propuesto sería, no solamente lícito, sino también altamente conveniente, y hasta estarían nuestros príncipes obligados a hacerlo, de la misma manera que tendrían que verificarlo si se tratara puramente de niños. Porque a este respecto, habría la misma razón para proceder con estos bárbaros del mismo modo que con los amentes, porque nada o poco más valen para gobernarse a sí mismos que los amentes, y ni aun son mucho más capaces que las mismas fieras y bestias, de las que no se diferencian siquiera ni en utilizar alimentos más tiernos o mejores que los que ellas consumen. Por estas razones, se dice que pueden ser entregados al gobierno de personas más inteligentes.

Aparentemente, esto se confirma. Porque si, por un acaso, perecieran allí todos los adultos y quedaran sólo los niños y adolescentes entre los años de la infancia y la pubertad, y con algo de razón, no cabe duda que nuestros príncipes podrían encargarse de ellos y gobernarlos mientras estuvieran en tal estado. Si esto se admite, parece que no se negará que pueda hacerse lo mismo con los padres de los bárbaros, supuesta la rudeza que les atribuyen los que han estado allí y que. según dicen, es mayor que la de los niños y amentes de otras naciones.

Y en verdad que esto encontraría su fundamento en el precepto de la caridad, ya que ellos son nuestros prójimos y estamos obligados a procurarles el bien. Pero esto sea dicho, como antes advertí, sin sentar una afirmación absoluta, y con la condición de que lo que se haga se realice para el bien y utilidad de los bárbaros y no solamente por el provecho de los españoles. Que en eso está el peligro de las almas y de la salvación.

Hay que apuntar también que en esta argumentación puede aprovecharse lo antes afirmado: de que hay quienes son siervos por naturaleza, y como tales parecen ser estos bárbaros, podrían, por lo tanto, ser gobernados como siervos.

De lo expuesto en toda esta cuestión, tal vez no falte quien deduzca que si casaran todos estos títulos, de tal modo que los bárbaros no dieran ocasión ninguna de guerra, y rehusasen tener príncipes españoles, etc., deberían cesar también las expediciones y el comercio, con gran perjuicio de los españoles y grande detrimento de los intereses de los príncipes, lo cual no podría soportarse.

He de responder a ello. En primer lugar, no habría conveniencia en que cesara el comercio, porque, como ya se ha declarado, entre los bárbaros hay abundancia de muchas cosas que por conmutación pueden adquirir los españoles. Además, hay muchas otras que ellos las tienen abandonadas o que son comunes a todos los que las quieran utilizar. Téngase en cuenta que los portugueses tienen mucho comercio con pueblos semejantes a éstos, sin haberse enseñoreado de ellos, y sacan, en realidad, grandes provechos.

En segundo lugar, digo que quizá no fuesen menores las rentas del rey, porque sin faltar ni a la equidad ni a la justicia, podría imponerse un impuesto sobre el oro y la plata que se importen de los bárbaros, que podría ser del quinto o más del valor, según la cantidad de las mercancías importadas, cosa a la que daría razón el hecho de que esta navegación haya sido descubierta por nuestros príncipes, que, además, defienden con su autoridad a los mercaderes.

Y, en tercer lugar, porque es evidente que después que se han convertido allí muchos bárbaros, ni sería conveniente ni lícito que los príncipes abandonaran la administración de aquellas provincias.

CUARTA PARTE

RELECCIÓN SEGUNDA DE LOS INDIOS O DEL DERECHO DE GUERRA DE LOS ESPAÑOLES EN LOS BÁRBAROS

SUMARIO

no siempre es suficiente que el príncipe crea tener justa causa para
hacerla.—21. Debe examinarse con grandísimo cuidado y diligencia
la justicia de una guerra.—22. Si los súbditos están obligados a examinar la causa de la guerra y cómo, si un súbdito está persuadido
de la injusticia de una guerra, no puede lícitamente combatir, aunque el príncipe se lo mande.—23. Los súbditos que están persuadidos en el fuero de su conciencia, de la injusticia de una guerra, no
pueden lícitamente participar en ella, se equivoquen o no en su apreciación.—24. Los senadores, gobernadores y, en general, todos aquellos que, por su cargo o por ser requeridos para ello, toman parte en
el Consejo público o en el del rey, están obligados a examinar cuando la causa de una guerra es injusta.—25. Quiénes no están obligados
a examinar las causas de la guerra, y pueden hacerla lícitamente,
confiados en sus superiores.—26. En qué casos la ignorancia no
excusaría a los súbditos militantes de la injusticia de una guerra.—
27. Qué se debe hacer si es dudosa la justicia de la guerra, y cómo,
si un príncipe está en legítima posesión, no puede otro disputársela
por la guerra y con las armas, mientras subsista la duda.—28. Qué se
debe hacer en los casos en que haya dudas acerca de si una ciudad
o provincia tiene legítimo poseedor, y muy especialmente si está
vacante por el fallecimiento de su legítimo señor.—29. Cómo el que
duda de su derecho, aunque esté en pacífica posesión, está obligado
a examinar el caso con diligencia suma, por sí o por otro, por si
acaso puede llegar a esclarecerlo plenamente.—30. Después de examinado el caso, mientras subsista una duda razonable, el legítimo
poseedor no está obligado a ceder su posesión a otro, sino que puede
legítimamente retenerla.—31. No sólo es lícito a los súbditos seguir
a su príncipe a la guerra defensiva hecha con razón dudosa, sino
también a la ofensiva.—32. Si una guerra puede ser justa por una y
otra parte. Y cómo, excluida la ignorancia, esto no puede ocurrir.—
33. Si el príncipe o el súbdito que por ignorancia ha hecho una
guerra injusta, está obligado a la restitución, si después llega a
constarle la injusticia de esa guerra.—34. Si es lícito matar a los
inocentes en la guerra.—35. El matar a los inocentes con intención
directa de hacerlo, nunca es lícito.—36. Si es lícito matar a los niños
y a las mujeres en la guerra contra los turcos. Y qué hay que decir
de los labradores, letrados, peregrinos, huéspedes y clérigos, entre
los cristianos.—37. Matar a los inocentes, sin intención directa, aun
a sabiendas, unas veces es lícito y otras no.—38. Si es lícito matar a
los inocentes que en el futuro puedan constituir un peligro.—39. Si
es lícito despojar a los inocentes que están entre los enemigos, y de
qué cosas se les puede despojar.—40. Si la guerra puede hacerse adecuadamente, no despojando a los labradores y a otros inocentes, no
es lícito realizar tales despojos. Y qué hay que decir de los peregrinos
y huéspedes que están entre los enemigos.—41. Cómo la parte per-
judicada puede buscar su satisfacción donde la encuentre, ya sea
entre los culpables, ya sea entre los inocentes, si el enemigo se niega

a restituirle las cosas tomadas injustamente y no puede recobrarlas de otro modo.—42. Si a los inocentes y a los niños que no deben ser exterminados, se les puede reducir al cautiverio o a la servidumbre.—43. Si sería lícito matar a los rehenes recibidos de los enemigos en tiempo de tregua o después de la guerra, en el caso de que dichos enemigos quebrantaran la fe prometida o no cumplieran lo pactado.—44. Si hay derecho a matar en la guerra a todos los que hostilizan.—45. ¿Es lícito matar indistintamente a todos los que durante una batalla, o en el sitio o defensa de alguna ciudad, pelean en las filas contrarias, y mientras el triunfo esté en peligro?—46. ¿Es lícito matar a los culpables, después de obtenida la victoria y cuando ya las cosas están fuera de peligro?—47. No siempre es lícito matar a todos los culpables, si ello se hace por el solo motivo de vengar la injuria.—48. Algunas veces es lícito y conveniente matar a todos los culpables, y esto principalmente en las guerras contra los infieles. Qué se debe hacer en las guerras entre cristianos.—49. Si es lícito matar a los rendidos y a los prisioneros, supuesto que también hayan sido culpables.—50. Si las cosas apresadas en una guerra justa pertenecen a los que las han tomado y ocupado, y cómo estas cosas pasan a ser de su propiedad, hasta que el enemigo dé suficiente satisfacción de las que él ha arrebatado injustamente y aun de los gastos de la guerra.—51. Por el derecho de gentes, los objetos muebles son de propiedad del que se apodera de ellos, aunque su valor exceda del de los daños sufridos.—52. Si es lícito permitir a los soldados el saqueo de una ciudad, y cómo no es sólo lícito, sino (a veces) necesario.—53. Los soldados no pueden lícitamente saquear ni incendiar cosa alguna sin autorización. Si obran de otra manera están obligados a restituir.—54. Es lícito ocupar el territorio, las plazas fuertes y las ciudades del enemigo y retenerlas durante el tiempo necesario para la compensación de los daños causados por ellos.—55. Es lícito ocupar y retener alguna plaza fuerte o ciudad del enemigo como medio de obtener seguridad y evitar peligros, o como medio de defensa, quitando de esa manera al enemigo la ocasión de hacer daño.—56. Es lícito despojar a los enemigos de parte de su territorio, en razón de la injuria que han cometido, a título de pena o castigo, y cómo, por esta misma razón, se puede ocupar una ciudadela o fortaleza enemiga con la debida moderación.—57. Si es lícito imponer tributos a los enemigos vencidos.—58. Si es lícito deponer a los príncipes del enemigo y constituir otros en su lugar o retener para sí el gobierno. Cómo esto no es lícito en cualquier caso y por cualquier pretexto, aun en una guerra justa.—59. Se manifiesta cuándo se puede legítimamente deponer a los príncipes enemigos.— 60. Se anuncian las reglas o cánones de la guerra

Dado que la posesión y ocupación de las provincias de aquellos bárbaros que llamamos indios parece poderse defender fundamentalmente con el derecho de la guerra, me ha parecido conveniente —después de haber tratado en la relección primera de los títulos que los españoles pueden alegar sobre aquellas provincias— agregar una breve discusión acerca de este derecho, a fin de complementar la relección anterior.

Mas, urgidos por la premura del tiempo, no podríamos tratar aquí de todas las cosas que en relación a esta materia podrían discutirse; no he podido dejar correr la pluma cuanto la amplitud y dignidad del asunto requerirían, sino cuanto lo permite la brevedad del tiempo de que disponemos. Por lo cual únicamente consignaré las proposiciones principales de esta materia, indicando en forma muy breve sus pruebas y absteniéndome de resolver las muchas dudas que en esta discusión pueden presentarse.

Trataré, pues, cuatro cuestiones principales. Primero: *Si en absoluto es lícito a los cristianos hacer la guerra.* Segundo: *En quién reside la autoridad para declarar y hacer la guerra.* Tercero: *Cuáles pueden y deben ser las causas de una guerra justa.* Y cuarto: *Qué cosas pueden hacerse contra los enemigos en una guerra justa.*

Un argumento.—En cuanto a lo primero, pudiera parecer que las guerras están completamente prohibidas a los cristianos, ya que éstos tienen vedado defenderse, según dice San Pablo, en el pasaje que reza: *No os defendáis, carísimos, sino dad lugar a la ira* (Ep. a los Romanos, 12). También según lo que dice el Señor en el Evangelio: *Si alguno te hiriere en la mejilla derecha, preséntale también la izquierda, porque yo os mando no resistir al mal* (San Mateo, 5). Y en otro lugar de San Mateo (26, 52): *Todo el que tomare la espada, por la espada perecerá.* Y se advierte que no basta responder que todas estas cosas no son de precepto, sino de consejo, porque sería ya un inconveniente bien grande que todas las guerras emprendidas por los cristianos fueran hechas contra el consejo del Señor.

Pero en contra de este argumento está la opinión de todos los doctores y el uso constante de la Iglesia.

Doctrina de Lutero.—Para mayor explicación de esta cuestión es de señalar que si bien entre los católicos hay suficiente conformidad acerca de ella, Lutero, que no dejó nada sin contaminar, niega que los cristianos puedan lícitamente empuñar las armas contra los turcos, fundándose en los pasajes de la Escritura anteriormente citados y en que si los turcos invaden la cristiandad es porque ésa es la voluntad de Dios, a la cual no es lícito resistir. Pero en esto no pudo, como lo consiguió con otros dogmas suyos, imponer su autoridad a los alemanes, que son hombres nacidos para las armas. Tertuliano mismo parece que no rechaza esta opinión, ya que en su libro *De Corona militis,* discute si es plenamente lícita la milicia a los cristianos, inclinándose en cierto modo a la opinión que sostiene que les está prohibida y recordando que *ni siquiera el pleitear les es lícito.*

1. Pero, dejando de lado ajenas opiniones, yo respondo a la cuestión con esta sola conclusión: *Es lícito a los cristianos militar y hacer la guerra.*

Esta conclusión es de San Agustín, quien la sostiene en muchos lugares; entre ellos *Contra Faustum,* libro LXXXIII de las *Quoestiones,* en el *De verbis Domini,* en el libro II *Contra Manichaeum,* en el sermón sobre el hijo del Centurión y en la *Epístola ad Bonifacium,* donde la trata por extenso.

Se prueba esta conclusión, de la manera que lo hace San Agustín, con las palabras de San Juan Bautista a los soldados: *No hagáis extorsiones a nadie ni le hagáis injuria* (San Lucas, 3, 14). De donde se deduce, dice San Agustín, que *si la religión cristiana proscribiera totalmente las guerras, se les hubiera aconsejado en el Evangelio, a los que pedían consejo para su salvación, que abandonasen las armas y se abstuviesen por completo de la milicia. Sin embargo, no se les dice esto, sino: No maltratéis a nadie y contentaos con vuestras pagas.*

En segundo lugar, se prueba por las razones que da Santo Tomás (*Secunda Secundae,* cuestión 40, art. 1.°): Es lícito tomar la espada y usar las armas contra los malhechores del país y los ciudadanos sediciosos, según aquello de San Pablo: *No en vano ciñe el príncipe la espada, porque es*

*ministro de Dios y vengador encargado de castigar a todo
el que obra mal* (Ep. a los Romanos, 13). Por consiguiente,
también es lícito usar de la espada y de las armas contra
los enemigos exteriores. Por esto se ha dicho a los príncipes
en el Salmo: *Arrancad al pobre y liberad al desvalido de las
manos del pecador.*

Tercero: La guerra fue lícita en la ley natural, como
consta en Abraham que peleó contra cuatro reyes (Génesis, 14). Y lo mismo en la ley escrita, en la cual tenemos el
ejemplo de David y los Macabeos. Por otra parte, la ley
evangélica no prohíbe nada que sea lícito por ley natural,
como elegantemente enseña Santo Tomás en la *Prima Secundae,* cuestión 107, art. último; por lo cual es llamada ley
de libertad (Santiago, 1.ª y 2.ª). Luego, lo que era lícito en
las leyes natural y escrita, no deja de serlo en la ley evangélica.

Y esto que no puede ponerse en duda, tratándose de la
guerra defensiva, puesto que es lícito repeler la fuerza con
la fuerza (Digesto, *De justitia et jure,* Ley *Vim vi*), se prueba en cuarto lugar con respecto a la guerra ofensiva, en
la cual no sólo se defienden o se reclaman las cosas, sino
que además se pide satisfacción de una injuria recibida.
Esto se demuestra con la autorizada opinión de San Agustín (83 *Quaestionum*), y también por lo que se dice en el
canon *Dominus* (Decreto, 2, 23, 2): *Las guerras justas suelen definirse diciendo que son aquellas que se hacen para
vengar las injurias, cuando hay que luchar contra un pueblo o ciudad que omitió el castigar lo que injustamente
hicieron sus súbditos o el devolver lo que se quitó injustamente.*

Y se prueba, además, en quinto lugar, respecto a la guerra
ofensiva, considerando que no se podría hacer cumplida-
mente la guerra defensiva si no se pudiera realizar la vindicta en los enemigos que hicieron la injuria o intentaron
hacerla; pues, de lo contrario, tales enemigos se harían más
audaces para repetir sus invasiones, ya que el miedo del
castigo no les retraería de repetir la injuria.

Se prueba en sexto lugar, considerando que el fin de la guerra es la paz y la seguridad de la república, como dice San Agustín en el libro *De verbis Domini* y en la *Epistola ad Bonifacium*, y no podría haber esta seguridad si, con el temor de la guerra, no se contuviera a los enemigos de realizar injurias. Además sería completamente inicua la situación en la guerra si, invadiendo los enemigos la república sin justicia alguna, solamente fuese lícito rechazarlos para que no pasasen adelante y no se pudiese perseguirlos para castigarlos.

Se prueba, en séptimo lugar, porque esto conviene al fin y bien de todo el orbe. Porque el orbe no gozaría de felicidad y se vería sumido en la más pésima de las condiciones, si los tiranos, los ladrones y los raptores pudiesen impunemente hacer toda clase de injurias y oprimir a los buenos e inocentes, sin que fuese lícito a estos últimos concertarse para repeler sus agresiones.

En octavo y último lugar, se prueba reflexionando que si en materias de moral un argumento principalísimo es la autoridad y el ejemplo de los santos y de los varones justos, son muy numerosos entre ellos los que no sólo defendieron su patria y sus haciendas con guerras defensivas, sino que también vengaron con la ofensiva las injurias realizadas o intentadas por los enemigos. Tal cosa consta de Jonatás y Simón (1 de los Macabeos, 9), los cuales vengaron la muerte de su hermano Juan en los hijos de Jambro. Y en la Iglesia cristiana son notorios los actos de Constantino el Grande, Teodosio el Grande y otros esclarecidos y cristianísimos emperadores, que hicieron muchas guerras de ambos géneros, teniendo en sus consejos a santísimos y doctísimos obispos.

2. *Cuestión segunda principal.* La segunda cuestión consiste en establecer *en quién reside la autoridad de declarar y hacer la guerra.*

3. Para lo cual asentaremos esta primera proposición: *Cualquiera, aunque sea un simple particular, puede tomar a su cargo y hacer la guerra defensiva.* Esto resulta evidente, porque es lícito repeler la fuerza con la fuerza y, por con-

siguiente, cualquiera puede hacer una guerra de este género, sin necesidad de la autorización de nadie, no sólo para la defensa de su persona, sino también para la de sus cosas y bienes.

4. Pero acerca de esta conclusión ocurre una duda, esto es, *si aquel que se ve acometido por un ladrón o por un enemigo, puede repeler la agresión hiriéndole, en el caso de poder evitarla por la fuga.*

El Arzobispo responde que no, porque no existiría la moderación propia de una defensa inculpada, ya que cada uno está obligado a defenderse en la medida de lo posible con el menor detrimento del atacante. Por consiguiente, si para resistir hubiera de matar o de herir gravemente al agresor, y, por otra parte, pudiera librarse de él huyendo, parece que estaría obligado a hacerlo. Pero el Panormitano, en el capítulo *Olim,* título *De restitutione spoliatorum (Decretales,* 2, 13, 12), hace una distinción. Si el agredido, por el hecho de huir, hubiese de sufrir grave deshonra, no estaría obligado a hacerlo y podría repeler la agresión hiriendo al adversario. Pero si no hubiese de sufrir mengua alguna de su honra o fama, como acontecería a un monje o plebeyo atacado por un gran señor, o por un hombre muy fuerte, en este caso estaría más bien obligado a huir. Bartolo, comentando la Ley I del *Digesto,* título *De Poenis* (XLVIII, 19, 1), y la Ley *Furem,* título *De Sicariis (Digesto,* XLVIII, 8, 9), opina indistintamente que es lícito defenderse y que no hay obligación de huir, porque la fuga es una afrenta. Ley *Ítem apud Labeonem,* Digesto, *De injuriis* (XLVII, 10, 15). Pues siendo lícito resistir con las armas para defender los bienes propios (como consta en el citado capítulo *Olim,* y en el capítulo *Dilecto,* título *De sententia excomunicatione,* en el Sexto, 11, 5), mucho más lo será para repeler un agravio corporal, notoriamente más grave que la pérdida de las cosas (Ley *In servorum,* título *De Poenis,* D. XLVIII, 19, 10). Y esta opinión puede seguirse con suficiente seguridad, y mucho más considerando que el derecho civil la sostiene, como se ve por la mencionada Ley *Furem.* Nadie peca cuando cuenta con la autori-

zación de la ley, pues las leyes dan derecho en el fuero de
la conciencia. De donde se infiere que, aun cuando por el
derecho natural no fuera lícito matar para defender sus
cosas, parece que lo sería por el derecho civil, y así (con
tal de evitar el escándalo) no sólo es lícito afectuarlo al
seglar, sino también al clérigo y al religioso.

5. *Segunda proposición. Cualquier república tiene autoridad para declarar y hacer la guerra.* Para probar esta
proposición, es preciso notar la diferencia que existe, en
cuanto a esto, entre una persona privada y la república.
Una persona privada tiene el derecho de defenderse a sí
misma y a sus cosas, como acabamos de decir, pero no lo
tiene para vengar las injurias y ni siquiera para reclamar
lo robado, pasado cierto período de tiempo. Porque la propia defensa debe verificarse en el momento del peligro, que
es lo que los jurisconsultos llaman *incontinenti.* Así sucede
que, al pasar la necesidad de la defensa, cesa la licencia
para guerrear. Creo, sin embargo, que el agredido injustamente puede usar de la fuerza en aquel momento, aun
cuando el atacante no hubiera de pasar adelante. Y para
evitar el deshonor y la ignominia, podría el que ha recibido
una bofetada, pongamos por caso, herir a su agresor en el
mismo momento con la espada, no para realizar una venganza, sino para evitar, según hemos dicho, el desdoro y
la infamia. Pero la república tiene autoridad, no sólo para
defenderse, sino para vengar las injurias recibidas por ella
y los suyos, y para perseguirlas después del momento de
inferidas. Lo cual se prueba, porque, como dice Aristóteles
en el libro tercero de la *Política,* la república debe bastarse a sí misma, y no podría conservar suficientemente el
bien público y su propio estado, si no pudiese vengar las
injurias e infundir respeto a sus enemigos; ya que, sin esto,
se tornarían los malvados más prontos y audaces para realizar nuevas injurias, viendo que podían hacerlo impunemente. Por esto es necesario, para el buen gobierno de los
asuntos de los mortales, que se reconozca esta autoridad
a la república.

6. *Tercera proposición.* Será la que afirma que *en esta materia, es la misma la autoridad del príncipe que la que tiene la república.* Ésta es la opinión de San Agustín en su libro *Contra Faustum,* donde dice que *el orden natural acomodado a la paz de los mortales, exige que la autoridad de poder emprender la guerra resida en el príncipe.*

Lo cual se prueba recordando que el príncipe recibe sus poderes por elección de la república; luego hace sus veces y posee su autoridad; y así, cuando en una república hay un príncipe legítimo, toda la autoridad reside en él, de tal modo que nada relativo a la cosa pública puede realizarse, ni en la guerra ni en la paz, sin su intervención.

7. Pero toda la dificultad está en determinar *qué es una república y quién propiamente puede llamarse príncipe.* A ello se puede contestar brevemente que república se llama a una comunidad perfecta. Pero hay dudas acerca de lo que es una comunidad perfecta. Para aclararlas, haremos notar que *perfecto* es lo mismo que *todo.* De donde se llama imperfecto a lo que le falta algo, y perfecto a lo que nada le falta. Es, por consiguiente, república o comunidad perfecta, aquella que por sí misma es todo, vale decir, que no es parte de otra república, sino que tiene leyes propias, consejo propio, magistrados propios, como son los reinos de Castilla y Aragón, el principado de los venecianos y otros semejantes.

Y no es ningún inconveniente que haya varios principados y repúblicas perfectas bajo un mismo príncipe. Una república semejante o su príncipe tiene autoridad para declarar la guerra y sólo ella.

8. Pero, por esto mismo, cabe dudar con fundamento, *si cuando varias repúblicas o príncipes tienen un señor o príncipe común, pueden hacer la guerra por sí mismas, sin contar con la autorización del príncipe supremo.*

Mi respuesta es que, sin duda, pueden hacerla, lo mismo que los reyes que, estando sometidos al emperador, pueden guerrear entre sí, sin tener en cuenta la autorización imperial. Porque, como se ha dicho, la república debe bastarse a sí misma, y no se bastaría si careciera de esta facultad.

9. De donde también se deduce claramente que los régulos o príncipes que rigen repúblicas imperfectas, como son las que forman parte de otra, no pueden declarar ni hacer la guerra, como, por ejemplo, el duque de Alba o el conde de Benavente, cuyos territorios forman parte del reino de Castilla y que, por lo consiguiente no presiden repúblicas perfectas. Pero como estas cosas son en gran parte regidas por el derecho de gentes o por el derecho humano, la costumbre puede otorgar poder y autoridad para hacer la guerra. Así, si alguna ciudad o algún príncipe obtuvieron por antigua costumbre el derecho de hacer por sí la guerra, no se les puede negar esta autoridad, aun cuando no constituyan repúblicas perfectas. En otros casos, la necesidad podría justificar se concediera esta misma licencia y autoridad. Si en un mismo reino una ciudad declarase la guerra a otra, o un gobernador a otro, y el rey se descuidase o no se atreviese a castigar las ofensas inferidas, la ciudad o el jefe agraviado podrían, en este caso, no sólo defenderse, sino también hacer la guerra, escarmentar a los enemigos y hasta dar muerte a los culpables, porque de otra manera no se defendería adecuadamente, ya que los enemigos no se abstendrían de realizar injurias si aquellos que las padecen se contentaron con sólo defenderse. Por cuya razón se reconoce aun al particular el derecho de atacar a su enemigo si de otro modo no ve camino para defenderse de la injuria.

Y con esto basta acerca de esta cuestión.

10. *Cuestión tercera principal.* Consiste en saber *cuál puede ser la razón y la causa de la guerra justa.* Y este problema es del mayor interés y necesidad para nuestra discusión acerca de los bárbaros.

Estableceremos como primera proposición, la siguiente: *La diversidad de religión no es causa justa para una guerra.* Esto lo hemos probado prolijamente en la relección anterior, donde impugnamos el cuarto título que puede pretenderse alegar para la posesión de los bárbaros, esto es, porque no quieren recibir la fe cristiana. Es ésta la opinión de Santo Tomás (*Secunda Secundae,* cuestión 66, art. 8.°), y la más común entre los doctores, de ninguno de los cuales sé que piense lo contrario.

11. *Segunda proposición.* Es la siguiente: *No es causa justa de una guerra el deseo de ensanchar el imperio.* Es esto de tal evidencia que no necesita ser probado, pues si fuera de otro modo, podría haber causa justa para ambas partes beligerantes, y así todos serían inocentes. De lo cual, a su vez, se seguiría que no sería lícito matarlos, lo que llevaría a la contradicción de admitir una guerra justa en la cual no se podría dar muerte a los enemigos.

12. *Tercera proposición. Tampoco es causa justa de guerra la gloria o cualquiera otra ventaja del príncipe.*

Esto es también evidente. Porque el príncipe debe ordenar tanto la paz como la guerra al bien común de la república, y así como no puede invertir en gloria o provecho suyo las rentas públicas, mucho menos puede exponer a sus súbditos al peligro. Ésta es precisamente la diferencia entre el rey legítimo y el tirano: éste ordena el gobierno para su propia utilidad y conveniencia, mientras que el rey lo dirige al bien público. Así lo dice Aristóteles en el libro IV de la *Política.*

En segundo lugar, porque el príncipe recibe su autoridad de la república, luego debe emplearla para el bien de ella.

Además, las leyes no deben procurar el provecho particular, sino la utilidad común de los ciudadanos (como se dice en la distinción 4, cap. *Erit autem lex,* de San Isidoro). De donde se infiere que las leyes de la guerra deben ser para la utilidad común, y no sólo para la particular del príncipe.

Por último, como dice Aristóteles en el libro primero de la *Política,* capítulos III y IV, los libres se diferencian de los siervos en que éstos son usados por los señores para su propia utilidad, mientras que los libres no son para nadie absolutamente, sino sólo para sí mismos. Por consiguiente, si los príncipes abusan de los ciudadanos, obligándoles a ir a la guerra y a contribuir a ella con su dinero, no para el bien público, sino para su propia utilidad, los convierten en esclavos.

13. *Cuarta proposición: La única y sola causa justa de hacer la guerra es la injuria recibida.*

Esto se prueba en primer lugar por la autoridad de San Agustín (lib. LXXXIII de las *Quaestiones,* texto *Justa belli solent deffiniri,* antes citado), y después con la opinión de Santo Tomás (*Secunda Secundae,* cuestión 4.ª, art. 1.º), y de todos los doctores.

Además, la guerra ofensiva se hace para tomar venganza de los enemigos y para escarmentarlos, como ya se ha dicho. Pero como no puede haber venganza donde no precedieron culpa e injuria, se concluye que...

Además, no tiene el príncipe una autoridad mayor sobre los extraños que sobre sus propios súbditos y como contra éstos no puede esgrimir la espada, a no ser que hayan cometido algún delito, menos ha de poder hacerlo con los extraños. Lo cual se confirma con el pasaje de San Pablo que más arriba trajimos a colación (Ep. a los Romanos, 13), donde, hablando del príncipe, dice que *no en balde lleva espada, ya que es ministro de Dios, para ejercer su justicia, castigando a todo el que obra mal.* De donde surge que, contra quienes no nos hacen mal, no es lícito usar la espada, porque el matar a los inocentes está prohibido por el derecho natural. Exceptúo el caso de que Dios mismo mandase especialmente otra cosa, pues Él es dueño de la vida y de la muerte, y podría con su derecho disponer las cosas de otro modo.

14. *Quinta proposición. No basta una injuria cualquiera para declarar la guerra.* Se prueba porque, ni aun a los propios súbditos es lícito imponer castigos graves, tales como la muerte, el destierro o la confiscación de los bienes, por una culpa cualquiera. Y como todas las cosas que se realizan en la guerra son graves y atroces, pues son exterminios, incendios y devastaciones, no es lícito acudir a la guerra por injurias leves, para castigar a sus autores, porque la pena debe guardar proporción con la gravedad del delito (Deuteronomio, 25).

15. *Cuarta cuestión principal.* Esta cuestión se refiere al derecho de la guerra y versa sobre *las cosas que están permitidas en una guerra justa.*

Con respecto a esto, sea la primera proposición: *Es lícito hacer en la guerra todo lo que sea necesario para la defensa del bien público.*

Esto es evidente, ya que el fin de la guerra es defender y conservar la república. Por otra parte, esto mismo es lícito al particular en defensa propia, como queda probado; luego mucho más lo será a la república y al príncipe.

16. *Segunda proposición. Es lícito recuperar todas las cosas perdidas o el precio de las mismas.* Esta proposición es tan clara que no requiere prueba, ya que éste es el fin con que se declara y acepta la guerra.

17. *Tercera proposición. Es lícito resarcirse con los bienes del enemigo de los gastos de la guerra y de todos los daños causados por él injustamente.*

Es evidente, porque a todo ello están obligados los enemigos que hicieron la ofensa y, por lo tanto, puede el príncipe reclamarlo y exigirlo por la guerra.

Además resulta manifiesto si se emplea la misma argumentación de antes, es decir, que cuando no ve otro camino de recobrarlo, puede el particular apoderarse por sí mismo de lo que su deudor le debe.

Además, porque si hubiese un juez legítimo que juzgare a las partes beligerantes, debería condenar a los injustos agresores y a los autores de la injuria, no sólo a restituir lo robado, sino también a resarcir los gastos de la guerra y todos los demás daños y perjuicios. Y como el príncipe que sostiene una guerra justa, está en el caso de un juez, como en seguida vamos a decir, también él por sí mismo puede exigir todo aquello de sus enemigos.

18. *Cuarta proposición.* Es la siguiente: *No sólo es lícito lo expuesto, sino que el príncipe que hace una guerra justa puede pasar aún más adelante, esto es, a hacer cuanto sea necesario para asegurar la paz y la seguridad por parte de sus enemigos; por ejemplo, demoliendo sus fortalezas y levantando fortificaciones en el territorio enemigo, si ello*

fuere indispensable para evitar peligros ocasionados por sus adversarios.

Esto se prueba porque, como se ha dicho más adelante, los fines de la guerra son la paz y la seguridad; por consiguiente, al que hace una guerra justa le es lícito todo aquello que sea necesario para conseguir la paz y la seguridad.

Por otra parte, la tranquilidad y la paz se cuentan entre los bienes humanos, de tal modo que, sin ellas, ni aun los más grandes bienes procuran un estado de felicidad. De donde se sigue que si irrumpen enemigos que turban la tranquilidad de la república, es lícito tomar venganza de ellos por los medios convenientes.

Además, está permitido hacer todas estas cosas contra los enemigos interiores, esto es, contra los malos ciudadanos. Luego ha de ser igualmente lícito hacerlas contra los enemigos extraños. Notorio es este supuesto. Porque si en la república alguno le hace injuria a otro ciudadano, el magistrado no se limita a obligar al autor de la injuria a satisfacer al ofendido, sino que, si teme de él, le obliga a dar fiadores o a ausentarse de la ciudad, a fin de evitar el peligro que de él pudiera provenir.

De todo lo cual se infiere que, terminada la guerra y recuperadas las cosas, es lícito exigir rehenes del enemigo, naves, armas y otras cosas que sean necesarias para mantener a los enemigos en el cumplimiento de su deber y para evitar todo peligro que de ellos pudiera provenir; pero sin emplear en esta exigencia fraude ni dolo.

19. *Quinta proposición.* Es la siguiente: *No sólo es lícito todo esto, sino que, después de obtenida la victoria, recobradas las cosas y aseguradas la paz y la tranquilidad, se puede proceder lícitamente a la vindicta de las injurias recibidas de los enemigos, y escarmentarlos, castigándolos por las ofensas que infligieron.*

Para probar esta proposición hay que tener presente que los príncipes no sólo tienen autoridad sobre sus súbditos, sino también sobre los extraños para obligarlos a que se abstengan de hacer injurias, y esto por derecho de gentes y en virtud de la autoridad de todo el orbe. Y aun parece que por derecho natural, pues, de otro modo, el mundo no podría subsistir si no hubiese quienes tuvieran autoridad y fuerza para intimidar a los malos y reprimirlos, a fin de que no perjudicaran a los inocentes. Todas aquellas cosas que son necesarias para el gobierno y conservación del mundo, pertenecen al derecho natural. Y no se requiere otra cosa para probarlo que el considerar que la república tiene, por derecho natural, autoridad para imponer suplicios y penas a los ciudadanos que le sean perniciosos. Y si la república puede hacer esto con sus súbditos, no hay duda que el orbe podrá también hacerlo con los hombres perniciosos y malvados, y esto ha de ejecutarlo por medio de los príncipes. No hay duda, pues, que los príncipes pueden castigar a los enemigos que hicieron alguna injuria a la república, sobre todo después que la guerra ha sido declarada justamente y con arreglo a todas las formalidades, pues entonces los enemigos quedan sujetos al príncipe como a su propio juez.

Lo cual se confirma reflexionando que es imposible que se consigan la paz y la tranquilidad, que son el fin de la guerra, a no ser castigando a los enemigos con males y daños, con los cuales escarmienten y no vuelvan otra vez a cometer atentados. Todo lo cual se prueba y confirma con la autoridad y los ejemplos de los buenos; pues, como anteriormente se dijo, los Macabeos hicieron la guerra no sólo para recuperar las cosas que les habían sido arrebatadas, sino también para vengar las injurias. Lo mismo hicieron príncipes cristianísimos y religiosísimos emperadores.

Agregaremos, por último, que esto es preciso hacerlo así, pues no se borran la ignominia y el deshonor de la república con sólo poner en fuga a los enemigos, sino castigándolos y afligiéndolos con la severidad de las penas. Porque el príncipe no sólo está obligado a defender y conservar los intereses materiales, sino también el honor y la autoridad de la república.

20. De todo lo expuesto anteriormente se originan muchas dudas. En primer lugar, acerca de la justicia de la

guerra, esto es, *si para que una guerra sea justa basta que el príncipe crea tener justa causa para hacerla.*

Para aclararla, establezco la siguiente *primera proposición: No siempre es suficiente que el príncipe crea tener justa causa para hacerla.*

Se demuestra, en primer lugar, porque en otras cuestiones de menor importancia, no basta a los príncipes ni a los particulares, el creer que obran justamente. Lo cual es evidente, porque pueden errar invencible o afectadamente, y para que un acto sea bueno no basta el parecer de un cualquiera, sino que es preciso que se haga conforme al juicio de los sabios, según consta en el libro segundo de los *Éticos.*

De una doctrina contraria resultaría que muchas guerras serían justas por entrambas partes. Porque generalmente ocurre que los príncipes no hacen la guerra de mala fe, sino creyendo defender una justa causa, y de esta suerte serían inocentes todos los soldados y, por consiguiente, no se les podría matar.

Además, con tal doctrina resultaría que hasta los turcos y los sarracenos harían guerra justa a los cristianos, pues al mantenerla piensan que con ella realizan un gran servicio a Dios.

21. *Segunda proposición. Para que una guerra sea justa conviene examinar con grande diligencia la justicia y las causas de ella, y escuchar asimismo las razones de los adversarios, si acaso quisieren discutir a la luz de lo bueno y de lo equitativo.*

Pues, como dice el cómico (Terencio), *al varón prudente le conviene experimentar todas las cosas antes con las palabras que con las armas,* y también consultar a hombres probos y sabios que le hablen con entera libertad y sin ira, odio ni pasión. Ya que, como dice Crispo, *no se ve fácilmente la verdad donde tales pasiones imperan.* Es esto evidente, pues como en las cosas morales es muy difícil llegar a lo verdadero y justo, será fácil errar si se las trata con descuido y negligencia; y tal error no excusará a sus autores, sobre todo tratándose de asunto tan importante, del que dependen la desgracia y el peligro de muchos, que, en último término, son prójimos nuestros, a los cuales estamos obligados a amar como a nosotros mismos.

22. La *segunda duda* consiste en establecer *si los súbditos están obligados a examinar las causas de la guerra, o si pueden ir a ella sin hacer ninguna diligencia a ese respecto, del mismo modo que los lictores ejecutaban los decretos del pretor, sin examen alguno suyo.*

Acerca de esta duda propongo esta *primera proposición: Si al súbdito le consta la injusticia de la guerra, no le es lícito ir a ella, aunque el príncipe se lo ordene.* Lo cual es evidente, porque en virtud de ninguna autoridad es lícito dar muerte a un inocente. Luego, en el caso de que los enemigos sean inocentes, no se les puede matar.

Además, el príncipe peca haciendo la guerra en ese caso. Pero, como se dice en la Epístola a los Romanos, *no sólo son dignos de muerte los que obran mal, sino también los que les consienten que lo hagan.* Luego los soldados que pelean de mala fe no pueden tampoco excusarse. Además, no es lícito matar a los ciudadanos inocentes por mandato del príncipe, menos ha de ser lícito hacerlo con los extranjeros.

23. De todo lo cual se sigue como corolario que, *cuando los súbditos tengan conciencia de la injusticia de la guerra, no les es lícito proseguirla, tanto si están en lo cierto como si se equivocan.* Lo cual es evidente, porque como se dice en la Epístola a los Romanos (14, 23): «*Todo lo que no es según la fe, es pecado.*»

24. *Segunda proposición.* Es ésta: *Los senadores, gobernadores y, en general, todos aquellos que, por su cargo o por ser requeridos para ello, toman parte en el Consejo público o en el de un rey, están obligados a examinar cuándo la causa de una guerra es injusta.*

Esto es manifiesto, porque todo el que puede impedir el peligro o el daño del prójimo, está obligado a hacerlo, sobre todo cuando se trata de peligros mortales y de males mayores, como son los de la guerra. Y como estos tales pueden con su consejo y autoridad evitarla, si acaso fuese injusta, examinando sus causas, están obligados a ello.

Además, si por causa de su negligencia se llegara a hacer una guerra injusta parecería que era con su consentimiento, porque se imputa una cosa a quien pudiendo y debiendo impedirla, no la impide.

Además, porque el rey solo no es bastante para examinar las causas de la guerra, y como es de presumir que yerre con daño y perjuicio de muchos, se llega a la conclusión de que la guerra debe hacerse, no sólo por su parecer, o por el de unos pocos, sino por el de muchos que sean sabios y probos.

25. *Tercera proposición. Las personas de menor importancia, que no son admitidas, ni tienen voz ni voto ante el rey ni el Consejo público, no están obligadas a examinar las causas de la guerra, sino que pueden lícitamente militar, confiando en sus superiores.*

Se prueba en primer lugar considerando que no sería posible ni conveniente comunicar con la plebe todos los negocios públicos.

Además, porque los hombres de condición inferior no podrían evitar la guerra, aunque estuviesen persuadidos de su injusticia, y su opinión no sería escuchada. Luego, en balde examinarían las causas de la guerra.

Además, porque a esta clase de hombres, para creer en la justicia de la guerra, y a no ser que conste lo contrario, debe serles argumento suficiente que la hayan acordado el público consejo y el gobierno. Luego, no tienen necesidad de ulteriores exámenes.

26. *Cuarta proposición.* Es ésta: *No obstante, pueden existir tales indicios y razones de la injusticia de la guerra, que su ignorancia no excuse a los referidos súbditos combatientes.* Es evidente. Porque tal ignorancia podría ser fingida y concebida con perversa intención, en odio del enemigo.

Además, los infieles tendrían excusa siguiendo a sus príncipes a la guerra contra los cristianos, y no sería lícito matarles, puesto que ellos creen tener causa justa para hacer la guerra.

Además, la tendrían los soldados que crucificaron a Cristo por ignorancia, siguiendo la orden de Pilatos.

Además, quedaría justificado el pueblo judío, que persuadido por sus magnates, clamaba: *Quítalo, quítalo, crucifícalo.*

27. *Duda tercera. ¿Qué se debe hacer cuando la justicia de la guerra es dudosa, esto es, cuando hay razones aparentes y probables por una y otra parte?*

La *primera proposición* habrá de referirse a los príncipes. *Parece que si uno de ellos está en legítima posesión, mientras dure la duda, no puede otro disputársela por medio de las armas.* Por ejemplo, si el rey de Francia está en legítima posesión de la Borgoña, aunque haya duda de si tiene derecho a ella o no, no parece que el emperador pueda reclamarla con las armas. Y, por el contrario, el rey de Francia tampoco puede hacer lo mismo con Nápoles o Milán, si hay duda, de a quién pertenece el derecho a esas regiones.

Se prueba, porque en los casos dudosos prevalece el derecho del poseedor. Luego no es lícito despojarle de su posesión por un motivo dudoso.

Además, si la cuestión se llevase ante un juez legítimo, nunca mandaría en un asunto dudoso, despojar al poseedor. Luego, aun supuesto que aquellos príncipes que pretenden tener derecho, sean jueces en esa causa, no puede ninguno de ellos, lícitamente, despojar al poseedor, mientras subsista la duda acerca del derecho.

Además, en las cosas y negocios de los particulares, nunca es lícito, en un asunto dudoso, despojar al legítimo poseedor. Luego tampoco ha de serlo en los negocios de los príncipes, ya que las leyes están hechas por ellos. Puesto que, si según las leyes humanas, no se puede en un caso dudoso despojar al legítimo poseedor, podría con razón decirse a los príncipes: *Soportad la ley que vosotros mismos hicisteis; pues cada uno debe cumplir las leyes que estableció para los demás.*

Además, de otra forma, la guerra sería justa por ambas partes. y. por consiguiente, nunca tendría término. Porque si fuese lícito a una parte reclamar por las armas alguna cosa en un asunto de esta naturaleza, también sería lícito a la otra defenderse. Y después que uno la hubiese recobrado podría a su vez el otro reclamársela, y así nunca tendrían término las guerras, con grandísimo perjuicio de todos los pueblos.

28. *Segunda proposición:* Es ésta: *Si la ciudad o provincia, acerca de cuya pertenencia hubiere duda, no tuviere legítimo poseedor, o si ha quedado vacante por muerte del señor legítimo, y se dudare, por ejemplo, de si el heredero es el rey de España o el de los franceses. y no estuviera clara la cuestión de derecho, parece que si el uno ofreciera un arreglo. dividiendo el territorio discutido y compensando debidamente al otro, éste está obligado a aceptar tales condiciones, aunque fuera más poderoso y pudiera apoderarse de todo por las armas, y no tendría tampoco causa justa para la guerra.* Se prueba considerando que el otro no le hace injuria al pedir una parte igual en un asunto en que ambos tienen los mismos derechos.

Además, en los litigios entre particulares, aun en un caso dudoso, no es lícito apoderarse de todo.

Además, aquí también la guerra sería justa por entrambas partes. Y un juez justo no adjudicaría la totalidad a ninguno de los dos litigantes.

29. *Tercera proposición. El que duda de su derecho, aun cuando esté en pacífica posesión, está obligado a examinar el asunto diligentemente, y a escuchar pacíficamente las razones de la parte contraria, para ver si puede llegar a la certidumbre, ya sea a su favor, ya al de su adversario.*

Esto se prueba, porque el que duda y es negligente para la verdad, no posee de buena fe.

Además, en las causas matrimoniales, si alguno que está en legítima posesión, comienza a dudar de si una mujer es suya o de otro. tiene la obligación de escudriñar el asunto. Luego, por la misma razón, estará obligado a hacerlo en todas las demás causas.

Además, los príncipes son jueces de sus propias causas, porque no tienen superiores. Pero es cierto que, si alguno litiga contra algún legítimo poseedor, el juez está obligado a examinar el asunto. Luego, también lo está el príncipe en un caso semejante.

30. *Cuarta proposición. Si examinada la causa subsiste una duda razonable, el poseedor legítimo no está obligado a abandonar la posesión, sino que puede lícitamente retenerla.*

Es manifiesto. En primer lugar, porque un juez no podría despojarle, y, por consiguiente, no está obligado a abandonar su posesión ni en todo ni en parte. Igualmente en la causa matrimonial, si hay duda, no está obligado a ceder el poseedor, según el capítulo *Inquisitione,* título *De sentencia excomunicatione* (*Decretales,* 5, 39 y 44), y el capítulo *Dominis,* título *De secundiis nuptiis* (*Decretales,* 4, 21, 2), y asimismo debe ser en los demás asuntos.

Adriano sostiene expresamente en la cuestión segunda, *Quodlibeto* segundo, que el que duda puede lícitamente retener la posesión, y lo aplica a los príncipes, refiriéndose a la cosa dudosa. Pero en lo que se refiere a los súbditos que tienen dudas sobre la justicia de una guerra, el mismo Adriano dice en el *Quodlibeto* segundo, en la respuesta al primer argumento principal, que el súbdito que duda de la justicia de la guerra, esto es, de si la causa que se alega es suficiente; o sencillamente, de si existe causa bastante para declararla, no puede lícitamente tomar parte en esa guerra aunque el príncipe se lo mande. Esto lo prueba el hecho de que, si así no fuera, se pondría en peligro de pecado mortal. Y, además, porque *lo que no procede de la fe es pecado.* Lo cual, según los doctores y según la verdad, se entiende que es obrar, no sólo contra la conciencia cierta o contra la opinativa, sino también contra la dudosa. Lo mismo parece sostener Silvestre en la palabra *Bellum,* I, 9.

31. *Quinta proposición.* Es ésta: *En primer lugar, no cabe duda que en la guerra defensiva no sólo es lícito a los súbditos el seguir a su príncipe en un caso dudoso, sino que están obligados a seguirle.* Pues bien, *sucede lo mismo en la guerra ofensiva.* Lo probaremos. Como ya se ha dicho,

el príncipe no siempre puede ni debe dar a sus súbditos las razones de la guerra; y si los súbditos no pudieran militar sino después de saber con certeza que la guerra es justa, se pondría a la república en peligro y se sufrirían las injurias de los enemigos.

Además, en los casos de duda debe seguirse el partido más seguro. Pero si los súbditos, en caso de duda, no siguen a su príncipe en la guerra, se ponen en peligro de favorecer así a los enemigos de la república, lo cual es mucho más grave que luchar contra ellos teniendo dudas. Luego deben de participar en la pugna.

Además, se prueba claramente porque el lictor está obligado a ejecutar la sentencia del juez, aunque dude de su justicia, pues lo contrario sería grandemente peligroso.

Además, parece que este criterio se halla defendido por San Agustín en su *Contra Manichaeum*, donde dice: *Un justo, aunque milite a las órdenes de un rey sacrílego, puede rectamente pelear cuando él se lo mande, si lo que se le manda no es contra ningún precepto de Dios, y aun en el caso de que no esté cierto que lo sea.* (Decreto, 2, 23, 1, 4, canon *Quid culpatur.*) He aquí a San Agustín declarando expresamente que si no es cierto, esto es, si es dudoso que lo mandado vaya contra un precepto de Dios, el súbdito puede lícitamente guerrear. Ni Adriano mismo puede desembarazarse de la autorizada opinión de San Agustín, aunque pretenda hacerlo por todos los medios. No cabe duda, pues, que nuestra conclusión se ajusta a la doctrina de San Agustín.

Y no vale decir que el soldado en cuestión debe librarse de la duda y formarse conciencia de que la guerra es justa, pues puede ser que no logre, como sucede con otras dudas. Adriano, pues, erró cuando pensó que si yo abrigo dudas sobre si la guerra es justa o no para mi príncipe, he de dudar también si me es o no lícito ir a ella. Cierto es que de ninguna manera se puede obrar contra la duda de conciencia, y que, si dudo si esto me es lícito o no, peco si lo hago. Pero no se infiere del hecho de que yo dude acerca de si es justa la causa de determinada guerra, de que dude también de si puedo pelear en ella, sino más bien lo contrario. A pesar de que yo dude de la justicia de la guerra, me es lícito combatir por orden de mi príncipe. Así como no puede admitirse que si el verdugo duda de la justicia de la sentencia del juez, dude también de si le es lícito ejecutarla, pues, por el contrario, está obligado a ejecutarla. Del mismo modo, si dudo de si determinada mujer es mía, de esto no debe seguirse que dude sobre si estoy obligado a darle el débito.

32. *La cuarta duda* consiste en saber *si una guerra puede ser justa por entrambas partes*. Se responde con la siguiente proposición: *Excluida la ignorancia, es evidente que esto no puede suceder.*

Porque si consta el derecho y la justicia de una y otra parte, no es lícito guerrear con su contrario, ni ofendiendo ni defendiéndose.

La *segunda proposición* reza: *Admitida una ignorancia probable, de hecho o de derecho, puede ser la guerra justa en sí para la parte que tiene de su lado la justicia, y puede serlo también para la otra, porque la buena fe libra de pecado.* Puesto que la ingnorancia invencible lo excusa todo. Y esto principalmente puede suceder y sucede con gran frecuencia, a lo menos por parte de los súbditos. Ya que, aunque el príncipe que hace una guerra injusta tenga plena conciencia de su injusticia, puede ocurrir, sin embargo, que sus súbditos le sigan de buena fe, de lo que se deduce que los súbditos pelearían lícitamente por entrambas partes.

33. Pero de aquí surge la *quinta duda,* esto es, *si aquel que, por ignorancia, ha tomado parte en una guerra injusta, está obligado a restitución, si después llega a constarle la injusticia de esa guerra. Téngase presente que hablamos tanto del príncipe como de los súbditos.*

Primera proposición: Si aquel que admitía la probabilidad de la injusticia de la guerra, tiene después noticia de que existe tal injusticia, debe de inmediato restituir las cosas de que se ha apoderado y que todavía no ha consumido; es decir, todo aquello en que se hubiere enriquecido, pero no aquellas cosas que ha gastado ya.

Porque es una regla de derecho que quien no tiene culpa tampoco ha de experimentar daño. Así como el que de buena fe asistiese a un opíparo banquete dado por un ladrón, en el cual se consumiesen cosas robadas, no estaría obligado a restituir, y todo lo más, tal deber sólo alcanzaría a aquello que excediese a lo que habría comido en su casa.

Pero opina Silvestre (palabra *Bellum,* I, 9) que si alguien, dudando de la injusticia de la guerra, fue a ella por la autoridad de su príncipe, está obligado a restituirlo todo, pues guerreó de mala fe.

Sin embargo, yo estableceré una *segunda proposición* en conformidad con lo expuesto más arriba: *Tampoco el que dudando siguió a su príncipe está obligado a restituir lo gastado, porque, como cualquier otro, luchó lícitamente y de buena fe.*

Sería verdad lo que Silvestre dice, si el hombre en cuestión hubiera dudado si le era lícito ir a la guerra, porque en este caso hubiera obrado contra conciencia.

Pero a este respecto hay que considerar detenidamente que una guerra justa y lícita en sí misma, puede no serlo en virtud de alguna circunstancia. Pues puede suceder que uno tenga derecho para recobrar una ciudad o una provincia, y, sin embargo, no le sea lícito intentarlo por razón del escándalo. Porque —como anteriormente se ha dicho— las guerras deben hacerse para el bien común, y si para recobrar una ciudad se acarrean necesariamente mayores males a la república, tales como la devastación de otras muchas ciudades, grandes matanzas, la irritación de los príncipes, y ocasiones de nuevas luchas en perjuicio de la Iglesia, y además se da oportunidad a los paganos para invadir y apoderarse de las tierras de los cristianos, no cabe duda que en tal caso los príncipes están obligados a ceder de su derecho y a abstenerse de hacer la guerra. Es evidente que si, por ejemplo, el rey de los franceses tuviese derecho para recobrar a Milán, pero de la guerra entre Francia y el ducado de Milán se originasen grandes calamidades, no le sería lícito intentar recobrarlo, porque esa guerra debería hacerse para el bien de Francia o de los milaneses. Y como, por el contrario, de ella surgirían grandes males para ambos, dicha guerra, por consiguiente, no podría ser justa.

Acerca de otra cuestión, referente a lo que es lícito en una guerra justa, hay también muchas dudas.

34. La *primera* es: *Si es lícito en la guerra matar a los inocentes.*

Aparentemente sí, pues los hijos de Israel mataron niños, como consta de Josué en Jericó (Josué, 6), y después de Saúl (I Reg., 5), el cual mató niños en Amalec, ambos por autoridad y mandato de Dios. Y siendo así que, como dice San Pablo (Ep. a los Romanos, 15), *todo lo que está escrito lo está para nuestra enseñanza*, de esos pasajes se deduce que también ahora, si una guerra es justa, será lícito matar en ella a los inocentes.

35. Acerca de esta duda será nuestra *primera proposición: Nunca, por sí y con intención deliberada es lícito matar a los inocentes.*

Se prueba, en primer lugar, por lo que dice el Éxodo (13): *No matarás al inocente y al justo.*

Segundo: Porque el fundamento de la guerra justa es la injuria, como más arriba queda demostrado. Pero la injuria no procede de los inocentes. Luego no es lícito usar de la guerra contra ellos.

Tercero: No es lícito en la república castigar a los inocentes por los delitos de los malos. Luego tampoco lo es castigar a los que viven entre los enemigos por la injuria cometida por otros.

Cuarto: De otra manera, la guerra sería justa por ambas partes, aun no habiendo en alguna ignorancia, lo cual no puede ser como ya se ha demostrado. La consecuencia es evidente, porque es indudable que los inocentes pueden defenderse contra cualquiera que intente darles muerte.

Y todo esto se confirma con la autoridad del Deuteronomio, en su capítulo XX, donde dice que Dios ordenó a los israelitas que, cuando tomasen por fuerza una ciudad, no matasen a las mujeres y a los niños, pudiendo tan sólo ultimar a los hombres.

36. De lo cual se deduce que *ni aun en la guerra contra los turcos es lícito matar a los niños.* Lo cual es evidente ya que son inocentes. Así como tampoco a las mujeres, lo que resulta claro, ya que, en lo que se refiere a la guerra, se presume que son inocentes, a menos de que constase la culpabilidad de alguna. Lo mismo se debe decir de los labradores inofensivos entre cristianos, como también de la demás gente civil y pacífica, pues todos se presumen inocentes mientras no conste lo contrario. Y por la misma razón se infiere que no es lícito matar a los peregrinos y huéspedes que se encuentran entre los enemigos, pues también se reputan inocentes, ya que, en realidad, no son enemigos. Por idéntica razón a los clérigos y religiosos, a los cuales se presume inocentes en la guerra, a no ser que conste lo contrario, como ocurriría si se les encontrara combatiendo.

37. *Segunda proposición.* Dice así: *Por excepción, en algún caso puede ser lícito matar a los inocentes a sabiendas, como sucede cuando se ataca justamente una fortaleza o una ciudad, dentro de la cual se sabe que hay muchos inocentes, y no es posible emplear máquinas de guerra, armas arrojadizas o dar fuego a los edificios, sin que padezcan tanto los inocentes como los culpables.*

Esto se prueba considerando que, de otra forma, no podría hacerse la guerra contra los culpables y quedaría frustrada la justicia de los beligerantes. Como también es lícito usar de las máquinas de guerra contra los sitiadores, cuando atacan injustamente una ciudad, aunque entre ellos haya algunos niños e inocentes.

Mas en esto hay que tener muy en cuenta lo que hace poco hemos dicho, es decir, que es menester procurar que de la guerra no surjan mayores males que los que con la misma se quieren evitar. Pues si para conseguir la victoria principal en una guerra, representa poco el atacar una fortaleza o una ciudad en que hay guarnición enemiga y también muchos inocentes, no parece lícito que para combatir a unos pocos culpables se pueda exterminar a muchos inocentes por medio del fuego o de máquinas de guerra o de cualquier otro modo que, indistintamente, haga perecer a inocentes y culpables. En suma, nunca es lícito matar inocentes, ni siquiera accidentalmente o por resultado no previsto, a no ser en el caso en que una guerra justa no puede conducirse de otro modo. Esto se halla de acuerdo con el pasaje de San Mateo (13): *Dejad crecer la cizaña, no sea que, al arrancarla, arranquéis juntamente el trigo.*

38. Pero acerca de esto puede dudarse, *si es lícito matar a los inocentes, de quienes puede provenir un peligro en el futuro.* Así, por ejemplo, los hijos de los sarracenos son inocentes; pero se puede temer con fundamento que llegados a la edad adulta luchen contra los cristianos y les hagan la guerra, con daño de éstos.

Análogo es el caso de los letrados adultos que no son soldados, entre los enemigos, y a quienes se presume inocentes, aunque en cualquier momento pueden tomar las armas y constituir un peligro. Se pregunta si será lícito matarlos.

Para contestar afirmativamente se alega que existen en este caso las mismas razones que permiten matar indirectamente a otros inocentes. Además, en el Deuteronomio (20), se manda a los hijos de Israel que, cuando ataquen alguna ciudad, maten a todos los adultos, y no es de presumir que todos fuesen culpables.

Se responde a esto que, aunque pudiera sostenerse la opinión de que en ese caso se podrían matar, ello no sería lícito sin embargo, pues según pienso no se pueden hacer males para evitar otros males mayores, y es intolerable que se dé muerte a alguno por un pecado futuro. Tanto más, cuanto que hay otros medios para precaverse de ellos, tales como el cautiverio, el destierro, etc., según en seguida explicaremos. De esto se sigue que, ya sea después de la victoria, ya durante el curso de la guerra, si consta la inocencia de algún soldado, tienen los propios el deber de liberarle si fuere posible.

Al argumento de los contrarios respondo diciendo que aquello de las Escrituras, que traen a colación, se hizo por mandato especial de Dios, que irritado e indignado contra aquellos pueblos, quiso destruirlos por completo. Así ocurrió cuando envió el fuego sobre Sodoma y Gomorra para que devorase simultáneamente a inocentes y culpables, cosa que pudo hacer porque Él es el señor de todas las cosas. Pero esto fue un decreto especial y no una ley general.

En lo que respecta al pasaje citado del Deuteronomio (20), puede responderse del mismo modo, esto es, que la norma allí dada no constituye una ley común de la guerra para el tiempo futuro, sino simplemente la orden especial de considerar culpables a todos los adultos de la ciudad enemiga, a quienes se podría exterminar, no siendo posible distinguir entre ellos a los inocentes de los que no lo son.

39. La *segunda duda* consiste en saber *si es lícito despojar a los inocentes en una guerra justa.*

Sea la *primera proposición* la siguiente: *Es lícito despojar a los inocentes de aquellas cosas y bienes que los enemigos podrían usar contra nosotros, como armas, naves, máquinas, etc.*

Esto es evidente, ya que de otro modo no podríamos alcanzar la victoria, que es el objeto de la guerra. Pero aún más, es lícito también tomar su dinero, quemar y talar sus sembrados, matar sus caballos y cosas semejantes, si esto es necesario para debilitar las fuerzas del enemigo.

De lo cual se deduce como corolario, que si la guerra se hace larga, hay derecho a despojar indiferentemente, entre los enemigos, tanto a los culpables como a los inocentes, porque con las riquezas de sus ciudadanos alimenta el enemigo la guerra injusta, y por el contrario, sus fuerzas habrán de aminorarse con la desaparición de aquéllas.

40. *Segunda proposición.* Es ésta: *Si la guerra puede conducirse con la requerida eficacia, sin despojar a los labradores y a otros inocentes, parece que no es lícito expoliarlos.* Esto es lo que sostiene Silvestre, en la palabra *Bellum,* diciendo que la guerra tiene por razón una injuria,

no habiendo, por lo tanto, razón para hacerla contra los inocentes si se puede reparar la injuria de otra manera. Y aún añade que, aunque haya habido causa justa para despojarles, una vez terminada la guerra, está obligado el vencedor a restituirles lo que le quede.

Yo pienso que esto no es necesario, porque si se ha hecho en virtud del derecho de la guerra, todo cede a favor y en derecho de los que han hecho una guerra justa. Por lo tanto, si esas cosas han sido tomadas lícitamente, opino que no deben ser motivo de restitución, por más que reconozca que lo que dice Silvestre es piadoso y no improbable. Por último, agregaré que, de ningún modo es lícito despojar a los peregrinos y huéspedes que están entre los enemigos, a no ser que conste su culpa, puesto que ellos no integran el número de los enemigos.

41. *Tercera proposición. Si los enemigos no quieren restituir las cosas injustamente tomadas, y el damnificado no puede recuperarlas de otro modo, puede buscar la satisfacción donde le sea posible, bien sea entre los culpables, o bien entre los inocentes.* Así, por ejemplo, si unos ladrones franceses hiciesen un robo en territorio español y el rey de los franceses no quisiera, pudiendo hacerlo, obligarles a restituir lo robado, podrían los españoles, con la autoridad de su rey, despojar a los mercaderes y labradores franceses aunque fueran inocentes. Porque aunque tal vez en un principio la república y el príncipe francés no tuviesen culpa, la tienen desde el momento en que descuidan reparar el mal que los suyos han causado, según señala San Agustín, teniendo, por lo tanto, derecho el príncipe agraviado para tomar satisfacción en cualquier miembro o parte de la república. De donde se originan las patentes de corso o de represalias, que los príncipes conceden en estos casos, y que no son injustas, porque están basadas en la negligencia y culpa del otro príncipe, que hace que su propio príncipe conceda al agraviado permiso para que pueda recuperar sus bienes, aun quitándoselos a los inocentes. Pero no hay que olvidar que estas medidas son siempre peligrosas y pueden dar lugar a rapiñas.

42. *Tercera duda.* Es ésta: *Dado que no sea lícito matar a los niños y a otros inocentes ¿será lícito por lo menos, reducirlos a cautividad y servidumbre?*

Para la dilucidación de esta duda estableceré esta única proposición: *Del mismo modo que es lícito despojar a los inocentes, así también se puede reducirlos al cautiverio, porque la libertad y la cautividad se señalan entre los bienes de fortuna.* Así, pues, cuando la guerra es de tal condición que se puede despojar indiferentemente a todos los enemigos y apoderarse de sus bienes, es lícito también entonces cautivarlos a todos, sean inocentes o culpables. Y como la guerra contra los paganos es de esta clase, porque es perpetua, ya que nunca podrán ofrecernos satisfacción bastante por las injurias que nos han hecho, por consiguiente, no hay duda que es lícito hacer cautivos y reducir a servidumbre a los niños y a las mujeres de los sarracenos. Pero como por los principios del derecho de gentes recibido entre los cristianos, parece admitido que en la guerra entre ellos mismos no se hagan esclavos, se puede, si es necesario para los fines de la guerra, hacer prisioneros aun a los mismos inocentes, como son las mujeres y los niños, pero no para convertirlos en siervos, sino para exigir rescate por ellos. Lo cual, sin embargo, no ha de sobrepasar lo que exijan las necesidades de la guerra y lo admitido por legítima costumbre entre los beligerantes.

43. La cuarta duda es, *si puede darse muerte a los rehenes recibidos del enemigo en tiempo de treguas o al terminar la guerra, en caso de que éste faltase a su palabra o no respetase lo convenido.*

Yo respondo con una *sola conclusión,* que es ésta: *Si los rehenes son por otra razón culpables, como si, por ejemplo, hubieran hecho armas contra nosotros, pueden en tal caso ser condenados a muerte.* Pero si son inocentes no se les puede dar muerte, como consta por lo dicho, verbigracia, si son niños, mujeres u otra clase de inocentes.

44. *Quinta duda. ¿Se puede lícitamente en una guerra justa, matar a todos los culpables?* Para dilucidar este punto hay que advertir que, como consta por lo dicho, la

guerra se hace en primer lugar, para defendernos y defender nuestras cosas. Segundo: para recobrar lo que se nos ha arrebatado. Tercero: para vengar la injuria recibida, y cuarto: para procurar la paz y la seguridad.

45. Dadas estas premisas, estableceremos la siguiente *primera proposición: Durante la batalla, o en el asedio o defensa de una ciudad, es lícito matar indiferentemente a todos los que pelean en contra, y, por decirlo brevemente, es lícito hacerlo siempre que el triunfo esté en peligro.*

Esto es evidente, ya que no podrían los guerreros conducir la guerra convenientemente si no pudiesen desembarazarse de todos los que estorban y pelean por la parte contraria.

Pero toda la duda y la dificultad consisten en saber si, después de obtenida la victoria, y cuando ya no hay peligro por parte del enemigo, se puede dar muerte a todos los que esgrimieron armas en contra del triunfador. Y parece claro que sí. Porque, como queda dicho, entre los preceptos militares que el Señor dio en el Deuteronomio (20), hay uno que dice que tomada una ciudad enemiga, se dé muerte a todos sus moradores. He aquí sus palabras: *Si te acercares a una ciudad para atacarla, ofrécele primero la paz. Si la recibiese y te abriera sus puertas, todo el pueblo que hubiere en ella será salvo, te quedará sujeto y te pagará tributos. Pero si rehusasen pactar, y te moviesen guerra, la atacarás, y cuando el Señor tu Dios la pusiere en tus manos, pasarás por el filo de la espada a todos los varones que haya en ella, exceptuando las mujeres y los niños.*

46. *Segunda proposición. Obtenida la victoria y puestas ya las cosas fuera de peligro, es lícito matar a los culpables.* Esto queda probado considerando que, como queda dicho, no sólo se hace la guerra para recobrar las cosas arrebatadas, sino también para vengar las injurias. Por consiguiente, es lícito matar a los autores de ellas.

Además, esto se puede hacer con los ciudadanos propios que sean malhechores, luego también ha de ser lícito hacerlo con los extraños. Porque, como anteriormente se dijo, el príncipe que hace la guerra, tiene, por el derecho de la misma, autoridad sobre sus enemigos, como legítimo juez y príncipe.

Además, porque, aun cuando actualmente no hubiese por qué temer de los enemigos, no quedaría suficientemente afianzada la seguridad para el futuro (si los enemigos no se contuvieran por temor al suplicio).

47. *Tercera proposición. No siempre es lícito matar a todos los culpables para vengar simplemente una injuria.* Se prueba, porque aun entre los propios súbditos no sería lícito matar a todos los delincuentes, aunque fuese un delito de toda una ciudad o provincia, ni en una rebelión se podría matar a toda la población. Recuérdese que, por un hecho similar, San Ambrosio prohibió a Teodosio el acceso a la Iglesia. Además, el hacerlo sería contra el bien público, que es el fin de la guerra y de la paz. Luego, por la misma razón no se puede matar a todos los que tomen parte en la lucha como enemigos. Conviene, por lo tanto, considerar la injuria por ellos inferida, los perjuicios causados y todos los demás delitos, y, de acuerdo con su gravedad, proceder a la reparación y castigo, evitando toda atrocidad e inhumanidad. A este respecto dice Cicerón en los *Oficios* (II, 5): *El castigo de los que no han causado algún daño debe ser regido por la equidad y la humanidad.* Y lo confirma Salustio: *Nuestros mayores —dice—, que fueron los más religiosos de los mortales, no arrancaban a los vencidos más que aquello que consentía la licencia que les otorgaba la injuria recibida.* (*Guerra de Catilina*, 12, 3 y 4.)

48. *Cuarta proposición. Algunas veces es lícito y conveniente dar muerte a todos los culpables.* Esto se prueba atendiendo a que la guerra se hace para conseguir la paz y la seguridad, y alguna vez no puede conseguirse la seguridad sino suprimiendo a todos los enemigos, y esto sucede con los infieles, de quienes, según es notorio, no puede esperarse nunca una paz justa y duradera. Por consiguiente, el único remedio consiste en deshacernos de todos los que puedan empuñar las armas, con tal de que ya sean cul-

pables. Y así debe entenderse aquel precepto del Deuteronomio, 20.

Aunque, por otra parte, pienso que esto no sea lícito en la guerra entre cristianos. Porque como es inevitable —según dice San Mateo, 18— que sobrevengan escándalos y guerras entre los príncipes, ocurriría, si el vencedor ultimara siempre a todos los enemigos, que tal cosa sería para perjuicio del género humano y de la religión cristiana y que no tardaría mucho el mundo en quedar desierto. Y así las guerras no se harían para el bien público, sino que sólo servirían para calamidad colectiva. Es preciso, por consiguiente, que el rigor del castigo guarde proporción con la gravedad del delito, y que no pase más allá la venganza. En lo cual hay que tener en cuenta, además, como más arriba se dijo, que los súbditos no están obligados a examinar las causas de la guerra, y que pueden seguir en ella a su príncipe, confiados en su autoridad y en la del público consejo. Por lo que ocurre que, aunque la guerra sea injusta, la mayoría de los soldados que en ella participan peleando y defendiendo o atacando las ciudades, son, sin embargo, inocentes en una y otra parte. Por lo cual, cuando ya han sido vencidos y no puede sobrevenir peligro alguno de su parte, creo que no hay derecho a matarlos, y no sólo a todos, ni siquiera a uno de ellos, si se presume que fueron a la guerra de buena fe.

49. *Sexta duda. Se refiere a si es lícito matar a los rendidos o prisioneros, en el supuesto que fuesen culpables.*

Se responde que, hablando en principio, nada se opone a que se pueda dar muerte a los prisioneros y rendidos en una guerra injusta, que hayan sido culpables y guardando siempre la equidad. Pero como en la guerra hay muchas cosas establecidas por derecho de gentes, parece admitido por la costumbre y por el uso de la guerra que, lograda la victoria y conjurado el peligro, no se dé muerte a los prisioneros (a no ser que sean prófugos), y en este caso hay que guardar el derecho de gentes del modo que se acostumbra entre los buenos varones. Respecto de los rendidos, nada he leído ni oído de que exista tal costumbre;

es más, en las rendiciones de ciudades suelen los que se rinden estipular la condición de que salvarán sus cabezas, temerosos de que se les dé muerte si se entregan sin condición alguna, cosa que hemos leído se ha hecho algunas veces. Por lo cual no parece inicuo que si una ciudad se entrega sin condiciones, pueda matarse, por orden del príncipe o del juez, a los más culpables.

50. *Séptima duda.* Es ésta: *Si todas las cosas capturadas en una guerra justa se convierten en propiedad de los captores u ocupantes.*

Primera proposición: No hay duda que todas las cosas capturadas en una guerra justa se convierten en propiedad de los que se apoderan de ellas, hasta la suficiente compensación de las robadas injustamente y de los gastos de la guerra.

No tiene esto necesidad de prueba, porque ése es el fin de la guerra. Pero dejando de lado el considerar lo que se refiere a la satisfacción y a la restitución, y ateniéndonos al derecho de la guerra, se ha de distinguir, porque las cosas tomadas pueden ser muebles, como dinero, vestidos, plata u oro, o inmuebles, como campos, ciudades o fortalezas.

51. De esto se origina una *segunda proposición,* que dice: *Los bienes muebles, por el derecho de gentes, siempre se hacen propios del que se apodera de ellos, aunque su valor exceda del de la compensación de los daños recibidos.*

Esto resulta de las leyes *Si quis in bello* y *Hostes,* del título *De Captivis,* del Digesto (XLIX, 15, fragmentos 24 y 28) y del canon *Jus gentium* (Decreto, 1, 1, 9), y aún más expresamente de la Instituta (II, 1, 17), título *De rerum divisione,* donde se dice lo siguiente: *Todas las cosas tomadas al enemigo se hacen al punto nuestras, de tal modo que aun los mismos hombres libres quedan reducidos al estado de siervos nuestros.* Y Ambrosio, en el libro *De Patriarchis,* dice que cuando Abraham mató a los cuatro reyes, le pertenecían sus cosas por haber vencido, pero que no quiso recibirlas. Y esto se confirma con la autoridad

del Señor, que en el Deuteronomio (20, 16), al hablar de
las ciudades que se va a atacar, dice: *Todo el botín lo di-*
vidirás entre tu ejército y comerás de los despojos de tus
enemigos. De esta opinión es Adriano en el tratado *Sobre*
la Restitución, en la cuestión particular sobre la guerra.
Y también Silvestre, en la palabra *Bellum,* I, donde dice
que el que pelea justamente no está obligado a restituir
la presa. De lo cual infiere que las cosas tomadas en una
guerra justa no se compensan con la deuda principal. Lo
mismo sostiene el Arcediano (canon 23, citado, cuestión 2.ª.
Dóminus noster). Lo confirma igualmente Bartolo en la
ley dicha *Si quis in bello* (D. XLIX, 15, 28). Lo cual se
entiende aunque el enemigo esté dispuesto a dar satisfacción del daño y de las injurias. Pero esto lo restringe
Silvestre, y con razón, hasta que, según la equidad, se haya
dado suficiente satisfacción al daño y a la ofensa. Y así no
debe entenderse que si los franceses devastan una aldea o
una villa insignificante de España sea por tal causa lícito
a los españoles saquear, si pudiesen, toda la Francia, porque en esto hay que proceder según el modo y la calidad
de la injuria, con criterio de varón recto.

52.   Y acerca de esta determinación se suscita una duda:
¿Es lícito permitir a los soldados el saqueo de una ciudad?

Se responde por esta tercera proposición: *Esto, en sí*
mismo, no es ilícito, si es necesario para mantener la gue-
rra, para amedrentar a los enemigos o para encender el
ánimo de los soldados.

Así lo dice Silvestre, en la palabra *Bellum,* párrafo 10.
Del mismo modo que se puede incendiar la ciudad habiendo
causa justa. Mas como de estas licencias se originan muchas
atrocidades y crueldades, fuera de lo consentido por la humanidad, y que son cometidas por los soldados, tales como
exterminios y torturas de inocentes, raptos de vírgenes, es-
tupros de matronas, despojos de templos, etc., es fuera de
dudas una iniquidad entregar al saqueo una ciudad, sobre
todo si es cristiana, si no lo imponen la necesidad o una
causa grave. Pero si lo exige la necesidad, tal cosa no es
ilícita, aunque sea posible de prever que los soldados come-

terán algunas acciones abominables e ilícitas, que los jefes deberán prohibir y evitar en cuanto esté de su parte.

53. *Cuarta proposición: No obstante todo esto, no pueden los soldados, sin autorización del príncipe o de los generales, tomar despojos, ni poner fuego a nada, pues ellos no son jueces, sino ejecutores, y si lo hiciesen quedan obligados a restitución.*

54. Pero mayor dificultad hay en lo que se refiere a los bienes y cosas inmuebles, respecto a los cuales será la *quinta proposición*, que dice: *No hay duda de que es lícito ocupar y retener los campos, fortalezas y castillos del enemigo, en cuanto sea necesario para la compensación de los daños recibidos.*

Así si los enemigos arrasaron una fortaleza nuestra, incendiaron ciudades, bosques, viñas y olivares, nos será lícito a nosotros, en retorno, ocupar tierras suyas, o alguna ciudad o fortaleza, y retenerlas. Porque si se puede establecer compensación respecto al enemigo por las cosas por él sustraídas, es indudable también que por derecho divino y natural, tan lícito es tomarla en cosas muebles como inmuebles.

55. *Sexta proposición. Para atender a la seguridad y evitar peligros por parte de los enemigos, es lícito ocupar y retener alguna plaza fuerte o ciudad que sea necesaria para nuestra defensa y para quitarles ocasiones para dañarnos.*

56. *Séptima proposición. Asimismo, en razón de la injuria recibida es lícito, a título de pena, esto es, para castigo, y teniendo en cuenta la calidad de la injuria, despojar a los enemigos de parte de su territorio y también, por esta misma razón, ocuparles alguna fortaleza o ciudad.*

Pero esto, como ya dijimos, debe hacerse con moderación y no extendiéndolo a cuanto pueda conquistarse mediante la fuerza y poder de las armas. Y si la necesidad y la razón de la guerra exigen que se ocupe la mayor parte del territorio enemigo y que se tomen muchas ciudades, es preciso restituirlas en cuanto se arreglen las cosas y se terminen las hostilidades, reteniendo solamente lo que sea justo para compensar los daños y los gastos y para satisfacción de la injuria, guardando en todo la debida justicia y humanidad, porque la pena debe guardar proporción con la culpa, Y así, sería excesivo que si los franceses robasen algunos ganados a los españoles y les pusiesen fuego a alguna aldea, considerasen lícito estos últimos apoderarse de todo el reino de Francia.

Que es lícito apoderarse de parte del territorio o de alguna ciudad enemiga por esta causa, resulta manifiesto de lo que dice el Deuteronomio (20), pues allí se da licencia para ocupar en la guerra las ciudades que rehusaren aceptar la paz.

Además, si a los malhechores propios es permitido castigarlos privándoles de su casa, de sus tierras, de sus castillos, según la calidad de su delito, también ha de poderse proceder de igual forma con los malhechores extraños.

Además, un juez superior puede muy bien castigar al autor de una injuria, quitándole una ciudad o un castillo. Y también el príncipe que ha sido ofendido podrá hacer lo mismo, ya que por el derecho de la guerra está constituido en juez.

Además el Imperio romano se formó y extendió de este modo y en virtud de este título, ocupando por derecho de guerra las ciudades y las provincias de los enemigos por quienes habían sido injuriados los romanos, a pesar de lo cual lo defienden como justo y legítimo Agustín, Jerónimo, Ambrosio, Tomás y otros santos doctores.

Y aun podría aparecer aprobado esto mismo por el Señor, en el pasaje: *Dad al César las cosas que son del César*, y por San Pablo, que apeló al César, y que en su Epístola a los Romanos (13) amonesta a la sumisión y al pago de los tributos a los altos poderes y a los príncipes, todos los cuales, en aquel tiempo, derivaban su autoridad del Imperio romano.

57. *Octava duda. ¿Es lícito imponer contribuciones a los enemigos vencidos?*

Se responde que es lícito, sin duda alguna, imponerlas, no sólo para compensar los daños, sino también por razón de pena y para castigo.

Esto resulta suficientemente claro de aquel texto del Deuteronomio (20), donde dice: que después que con justa causa llegasen a atacar una ciudad, si ésta les recibiese y les abriese las puertas, toda la población que hubiese en ella se salvará y les quedará sometida mediante el pago de un tributo. Y esto mismo ha quedado establecido por el derecho y la costumbre de la guerra.

58. *Novena duda. ¿Es lícito deponer a los príncipes enemigos, y poner en su lugar a otros, o bien retener para sí el gobierno?*

Primera proposición. Es ésta: *Como se desprende de lo expuesto, esto no se puede hacer corrientemente y por cualquier causa que dé lugar a guerra justa.* Pues la pena no debe exceder la gravedad y magnitud de la injuria, y, además, es regla, no sólo del derecho humano, sino también del divino y natural, que se deben restringir las penas y ampliar los favores. Por consiguiente, aun cuando la ofensa hecha por el enemigo sea causa suficiente para una guerra, no lo será siempre, sin embargo, para derrocar su gobierno y para la deposición de sus príncipes naturales y legítimos, pues esto sería cruel e inhumano.

59. *Segunda proposición. No cabe negar que algunas veces pueden darse causas legítimas y suficientes, ya para cambiar los príncipes, ya para apoderarse del gobierno. Y esto puede ser por la multitud y atrocidad de los daños, y sobre todo cuando de otra manera no puede obtenerse paz y seguridad de los enemigos, o si de no hacer esto, fuera inminente un gran peligro para la república de parte de ellos.*

Esto es evidente. Porque si es lícito ocupar una ciudad habiendo causa para ello, como queda dicho, también lo será quitar el príncipe de esa ciudad. Y lo mismo se ha de decir de una provincia y su príncipe, si se está en presencia de una causa mayor.

Porque hay que notar, con respecto a las dudas 6.ª, 7.ª, 8.ª y 9.ª, que no sólo alguna vez, sino con frecuencia, no sólo los súbditos sino los mismos príncipes, aunque no tengan justa causa, hacen la guerra con buena fe, lo que les exime de toda culpa. Tal es el caso en que la guerra se hace tras diligente examen y con el parecer de doctores y hombres probos y buenos. Y como en ninguna ocasión nadie debe ser castigado sin culpa, aunque sea lícito recobrar del enemigo las cosas perdidas, y aun hacerle indemnizar los gastos de la guerra, no es permitido, después de lograda la victoria, proseguir matando ni exigir en bienes temporales más de lo que sea preciso para una justa satisfacción. Porque todo esto no se puede hacer sino a título de pena, y ésta no debe ser impuesta a los inocentes.

De todo lo dicho pueden deducirse unos pocos cánones o reglas para hacer la guerra.

60. Primera regla: *Supuesto que el príncipe tiene autoridad para hacer la guerra, lo primero de todo no debe buscar ocasión y pretextos para hacerla, sino que, en cuanto le sea posible, debe guardar paz con todos los hombres,* como lo prescribe San Pablo en su Epístola a los Romanos (12). Debe de pensar que los otros hombres son prójimos nuestros, a quienes estamos obligados a amar como a nosotros mismos, y que todos tenemos un Señor común ante cuyo tribunal habremos de rendir cuentas. Porque es la mayor de las inhumanidades buscar y complacerse con las ocasiones para matar y perder a hombres que Dios creó y por quienes murió Cristo. Así, pues, por el contrario, conviene no llegar a la guerra sino forzado y contra la propia voluntad.

Segunda regla. *Demostrado que es indispensable la guerra, en virtud de justas causas, debe procederse en ella, no para ruina y perdición de la nación a quien se hace, sino para la consecución de su derecho y para defensa de la patria y de la propia república y para que por dicha guerra se llegue a conseguir la paz y la seguridad.*

Tercera regla. *Obtenida la victoria y terminada la guerra, conviene usar del triunfo con moderación y modestia cristiana, y que el vencedor se considere como juez entre dos repúblicas, una ofendida y otra que hizo la injuria, para*

*que de esta manera emita su sentencia no como acusador,
sino como tal juez, de manera que, aunque su fallo haya
de satisfacer a la nación agraviada, sea, en cuanto sea posible, con el menor daño y perjuicio para la nación ofensora.*
Bastante es que sean castigados los culpables, en lo que sea
debido. Mayormente que las más de las veces entre los cristianos, toda la culpa es de los príncipes. Porque los súbditos
pelean de buena fe por sus príncipes; y es una iniquidad
que, como el poeta dice:

> Por los delirios de sus reyes, giman los aqueos.